JN333865

大人と子どものあそびの教科書

Let's enjoy
ORIGAMI

動物折り紙をたのしもう！

折り紙監修／高井弘明
編／こどもくらぶ

今人舎

動物大集合！

ゾウ（アジアゾウ）
エレファント
ELEPHANT

10ページ　レベル1

トラ
タイガァ
TIGER

13ページ　レベル2

パンダ（ジャイアントパンダ）
PANDA

17ページ　レベル1

ジュゴン
DUGONG

22ページ　レベル2

キーウィ
KIWI

25ページ　レベル2

ホッキョクグマ　30ページ　レベル2
POLAR BEAR

サイ（クロサイ）
RHINOCEROS
34ページ　レベル2

ゾウガメ（ガラパゴスゾウガメ）
GIANT TORTOISE
38ページ　レベル3

アルマジロ
（ミツオビアルマジロ）
ARMADILLO

44 ページ　レベル 4

ゴリラ
（マウンテンゴリラ）
GORILLA

51 ページ　レベル 4

はじめに

日本では古くから、病気からの回復や平和のシンボルとして、心をこめて「折り鶴」が折られてきました。折り鶴について、広島の平和記念公園にある「原爆の子の像」には、つぎのようなエピソードが語りつがれています。

　終戦後、新聞記者として日本にやってきたエレノア・コアさんというカナダ人女性が、ある日、「原爆の子の像」を見ました。この像のモデルとなったのは、病からの快復を信じて千羽鶴を折りながら亡くなった少女。コアさんは感動と衝撃のあまり身動きができませんでした。帰国後の1977年、彼女は『Sadako and the Thousand Paper Cranes』（禎子と千羽鶴）を書きあげました。最初アメリカで出版されたこの本は、フランス語、ドイツ語、ロシア語などに翻訳され、世界じゅうの子どもたちに読まれました。

　アメリカでは、この本のおかげで鶴を心をこめて折ることが平和への祈りになるという考えが生まれたといわれています。

鶴

　じつはこの本は、コアさんが感銘を受けた「折り鶴を折る心」を、世界へ広く伝えたいという想いからつくったものです。そのために、折り方の説明に英語をつけました。ただし、紹介するのは折り鶴のつくり方ではありません。高井弘明先生によるわかりやすいイラストや写真で、絶滅の危機にある動物の折り方を解説していきます。

　なぜ絶滅危機動物かというと、たんに動物をかわいらしく折るだけでなく、折り紙を折りながら、絶滅の危機にある動物について知識を深め、保護活動に興味をもってほしいと考えたからです。

　この本では、パンダやゾウ、トラなどといった人気のある動物だけでなく、ジュゴンやゾウガメ、アルマジロなど、あまり動物園でも見かけない動物の折り紙を紹介しています。この本を手にとったみなさんは、きっと動物も折り紙も大好きでしょう。この本では、そんなみなさんがよりたのしめるように、折り紙の折り方だけでなく、動物や折り紙についてのさまざまな情報をできるだけのせました。

　この本をきっかけに、絶滅の危機にある動物や折り紙についてもっと知り、そして、ぜひ機会を見つけて、世界じゅうの人びとと折り紙をたのしんでください。
　　　　　　　　　（こどもくらぶ）

ホッキョクグマのジオラマ。

もくじ

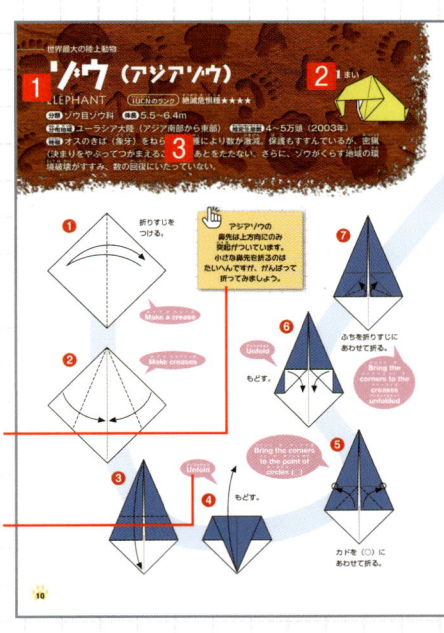

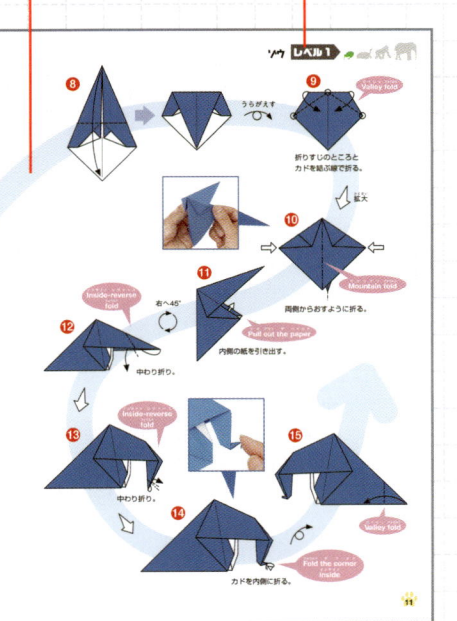

折り方の基本とポイント……………… 8

レベルべつもくじ

レベル1
- ゾウ（アジアゾウ）…………………… 10
- パンダ（ジャイアントパンダ）……… 17

レベル2
- トラ ……………………………………… 13
- ジュゴン ………………………………… 22
- キーウィ ………………………………… 25
- ホッキョクグマ ………………………… 30
- サイ（クロサイ）……………………… 34

レベル3
- ゾウガメ（ガラパゴスゾウガメ）…… 38

レベル4
- アルマジロ（ミツオビアルマジロ）… 44
- ゴリラ（マウンテンゴリラ）………… 51

動物コラム
- 絶滅が心配される動物たち…………… 20
- 絶滅危機動物マップ…………………… 28
- 保護活動と、わたしたちにできること… 42

折り紙コラム
- 環境ジオラマをつくろう！…………… 50
- 手づくり折り紙でたのしもう！……… 60
- 英語で折り紙！………………………… 62

この本の見方

1. このページで折ることのできる動物の名前（日本語と英語）
2. この動物を折るのに必要な紙のまい数
3. この動物の基本情報
   ・分類
   ・分布地域
   ・特徴
   ・IUCN（20ページ）のレッドリストでのランクなど
4. 高井先生からのコメント
5. 折り方のポイントを英語で紹介
6. 折り方の流れをあらわす線
7. むずかしさの目安（レベル1〜4）

折り方の基本とポイント

この本では、イラストや写真に下のような記号をつけて、折り方を説明しています。とちゅうで折り方がわからなくなったら、このページにもどってたしかめてみましょう。

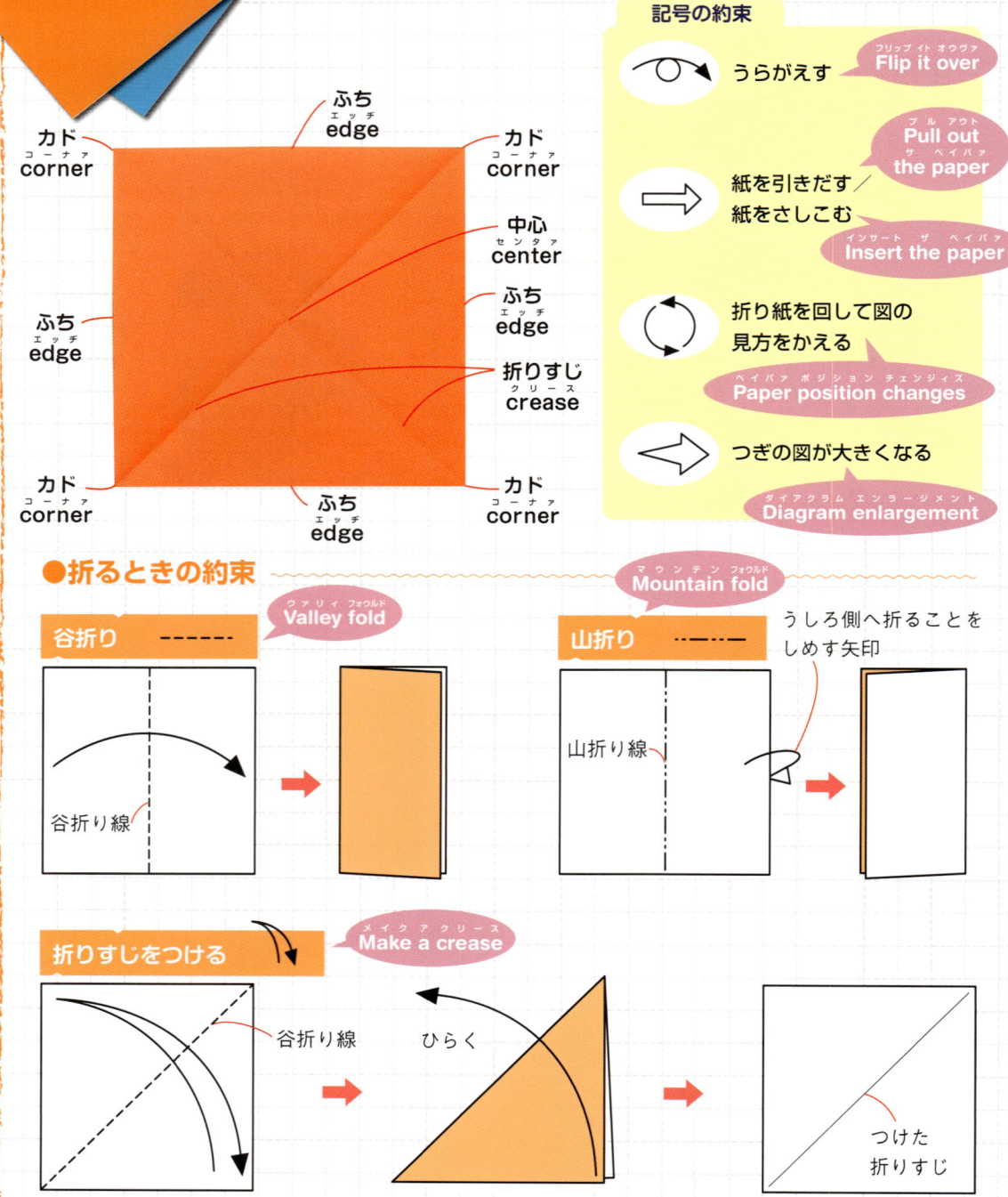

記号の約束

- うらがえす — Flip it over（フリップ イト オウヴァ）
- 紙を引きだす／紙をさしこむ — Pull out the paper（プル アウト ザ ペイパァ）／Insert the paper（インサート ザ ペイパァ）
- 折り紙を回して図の見方をかえる — Paper position changes（ペイパァ ポジション チェンジィズ）
- つぎの図が大きくなる — Diagram enlargement（ダイアグラム エンラージメント）

折り紙の各部：
- カド corner（コーナァ）
- ふち edge（エッヂ）
- 中心 center（センタァ）
- 折りすじ crease（クリース）

●折るときの約束

谷折り ------ Valley fold（ヴァリィ フォウルド）
谷折り線

山折り —・—・— Mountain fold（マウンテン フォウルド）
山折り線
うしろ側へ折ることをしめす矢印

折りすじをつける — Make a crease（メイク ア クリース）
谷折り線 → ひらく → つけた折りすじ

8

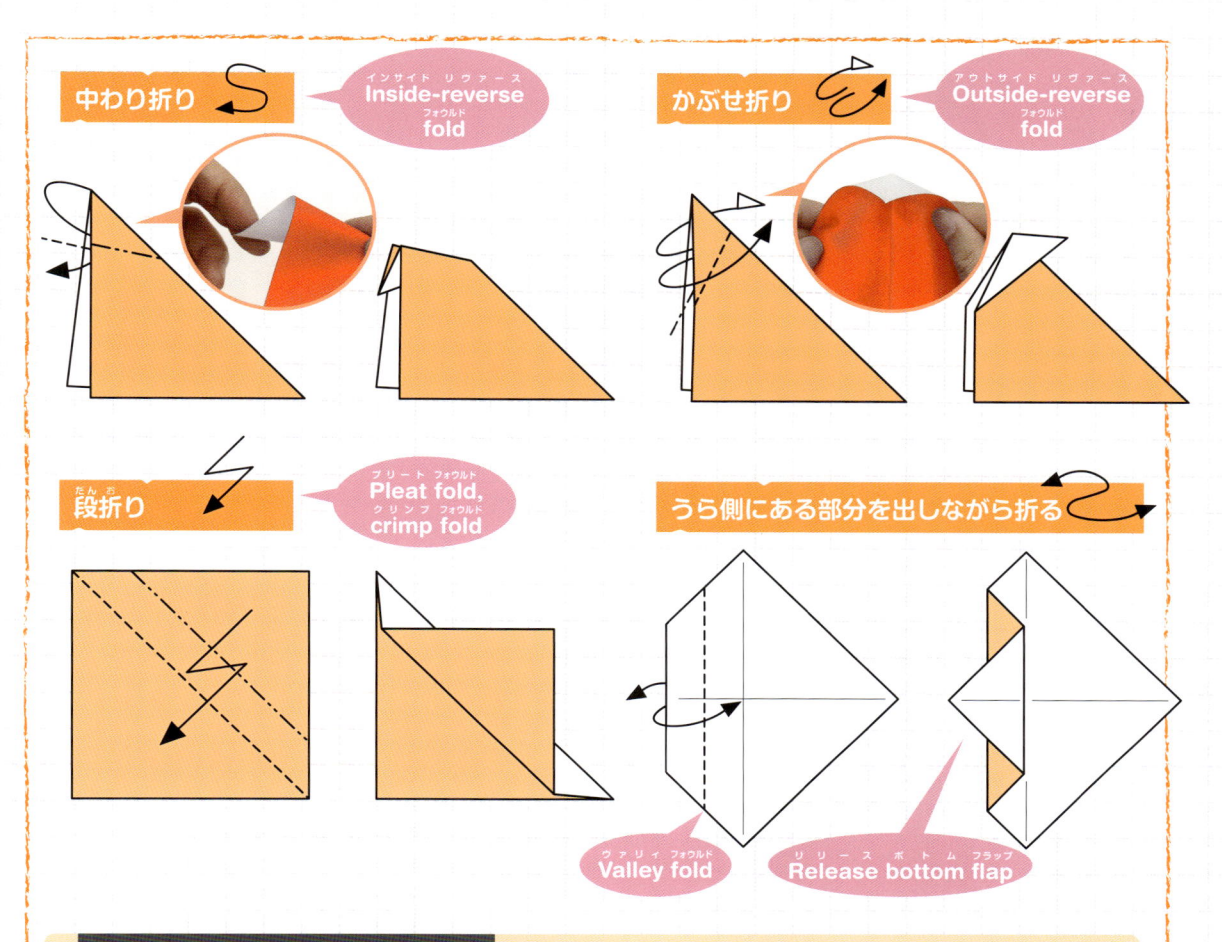

中わり折り　Inside-reverse fold

かぶせ折り　Outside-reverse fold

段折り　Pleat fold, crimp fold

うら側にある部分を出しながら折る

Valley fold　Release bottom flap

かっこよく動物をつくるには……？ とにかく基本が大事！

- 紙は、指でおさえてしっかりと折りましょう。曲げるだけではいけません。
- カドとカド、ふちとふちなどをぴったりあわせて折りましょう。
- 折りすじはまっすぐに。
- 折り図（折り方のイラスト）や写真をよく見て折りましょう。わかりづらいときは、説明文をよく読みましょう。
- 折る前に全体の折り方に目を通して、手順をイメージするとやりやすいですよ。
- わからなくなったら、ひとつ先の折り図と手元の折り紙をよく見くらべましょう。それでもだめなら、新しい紙で再チャレンジ！

はじめはうまくできなくても大丈夫！何度か折るうちに、だれでもかっこいい動物がつくれるようになります！

カドをぴったりあわせて折るには？

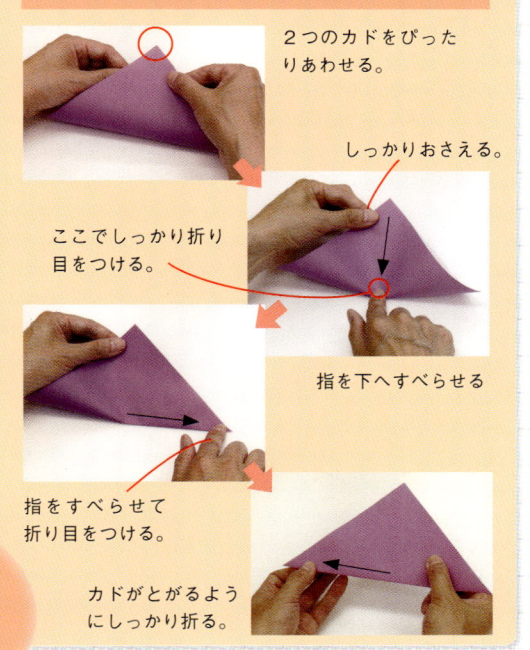

２つのカドをぴったりあわせる。

しっかりおさえる。

ここでしっかり折り目をつける。

指を下へすべらせる

指をすべらせて折り目をつける。

カドがとがるようにしっかり折る。

9

―― 世界最大の陸上動物

ゾウ（アジアゾウ）

ELEPHANT　　IUCNのランク　絶滅危惧種★★★★

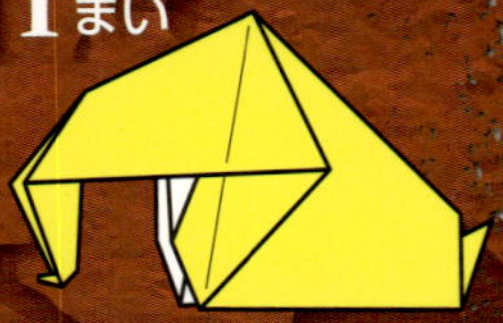

分類 ゾウ目ゾウ科　**体長** 5.5〜6.4m
分布地域 ユーラシア大陸（アジア南部から東部）　**推定生息数** 4〜5万頭（2003年）
特徴 オスのきば（象牙）をねらった乱獲により数が激減。保護もすすんでいるが、密猟（決まりをやぶってつかまえること）があとをたたない。さらに、ゾウがくらす地域の環境破壊がすすみ、数の回復にいたっていない。

つかう紙 1まい

アジアゾウの鼻先は上方向にのみ突起がついています。小さな鼻先を折るのはたいへんですが、がんばって折ってみましょう。

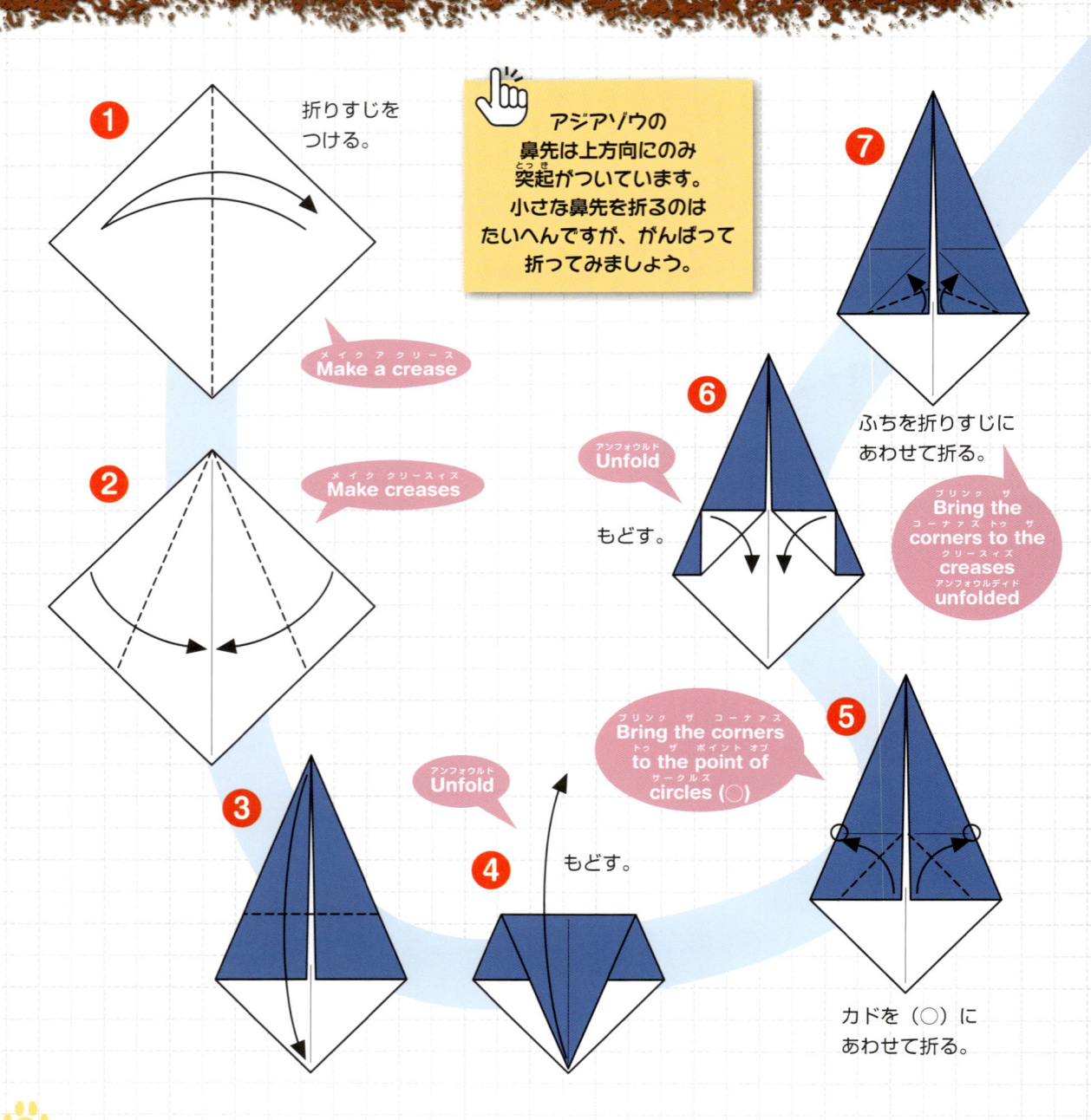

❶ 折りすじをつける。
Make a crease

❷ Make creases

❸ Unfold

❹ もどす。

❺ カドを（○）にあわせて折る。
Bring the corners to the point of circles (○)

❻ もどす。
Unfold

❼ ふちを折りすじにあわせて折る。
Bring the corners to the creases unfolded

10

ゾウ レベル1

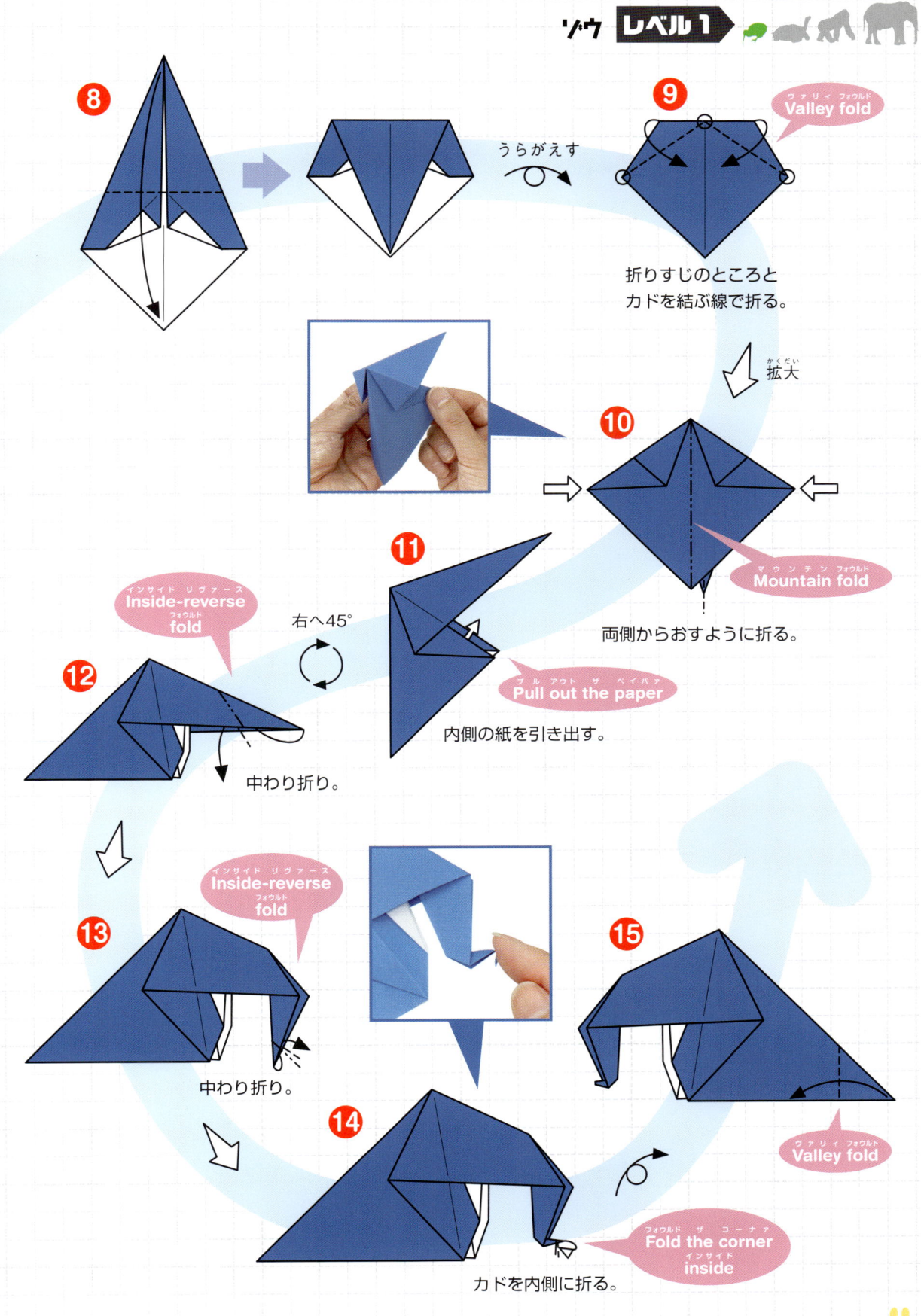

⑧

⑨ Valley fold

折りすじのところと
カドを結ぶ線で折る。

拡大

⑩ Mountain fold

両側からおすように折る。

⑪ Pull out the paper

右へ45°

内側の紙を引き出す。

Inside-reverse fold

⑫

中わり折り。

Inside-reverse fold

⑬

中わり折り。

⑭

カドを内側に折る。

⑮ Valley fold

Fold the corner inside

うらがえす

11

ゾウ **レベル1**

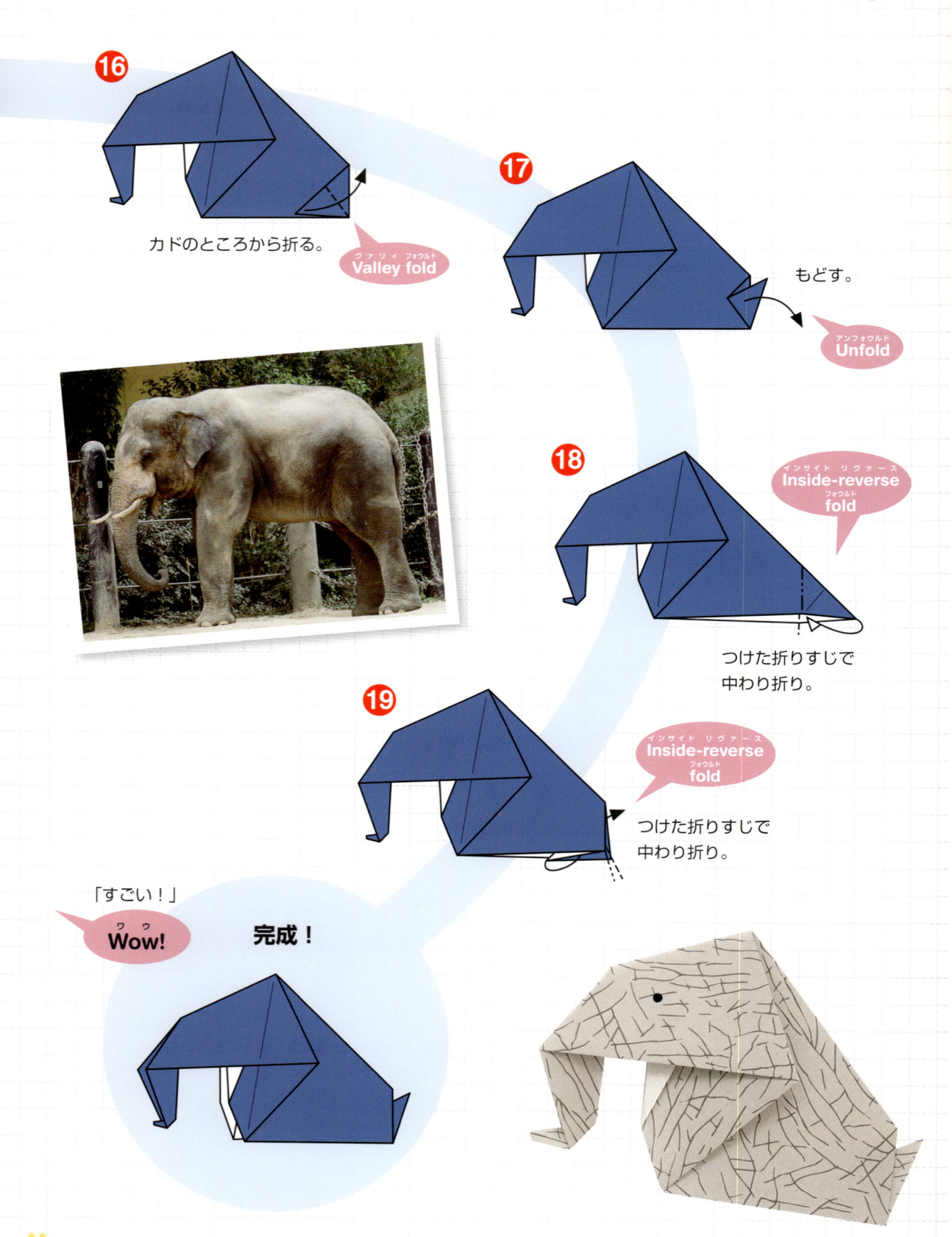

⑯ カドのところから折る。
Valley fold ヴァリィ フォウルド

⑰ もどす。
Unfold アンフォウルド

⑱ つけた折りすじで中わり折り。
Inside-reverse fold インサイド リヴァース フォウルド

⑲ つけた折りすじで中わり折り。
Inside-reverse fold インサイド リヴァース フォウルト

「すごい！」
Wow! ワウ

完成！

12

密林にすむ肉食動物

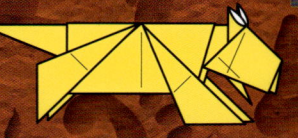

トラ
TIGER　　IUCNのランク　絶滅危惧種★★★★

レベル2　　つかう紙 2まい

分類 ネコ目ネコ科　体長 170〜280cm
分布地域 ユーラシア大陸（アジア）南部、東南部、東北部　推定生息数 5000〜7500頭（1998年）
特徴 毛皮をねらった乱獲が原因で生息数がおおはばにへり、カスピトラ、バリトラ、ジャワトラなど、いくつかの種はすでに絶滅。種全体がIUCNの絶滅危惧種に指定されていて、スマトラトラとアモイトラはさらに危険度の高い絶滅寸前種となっている。

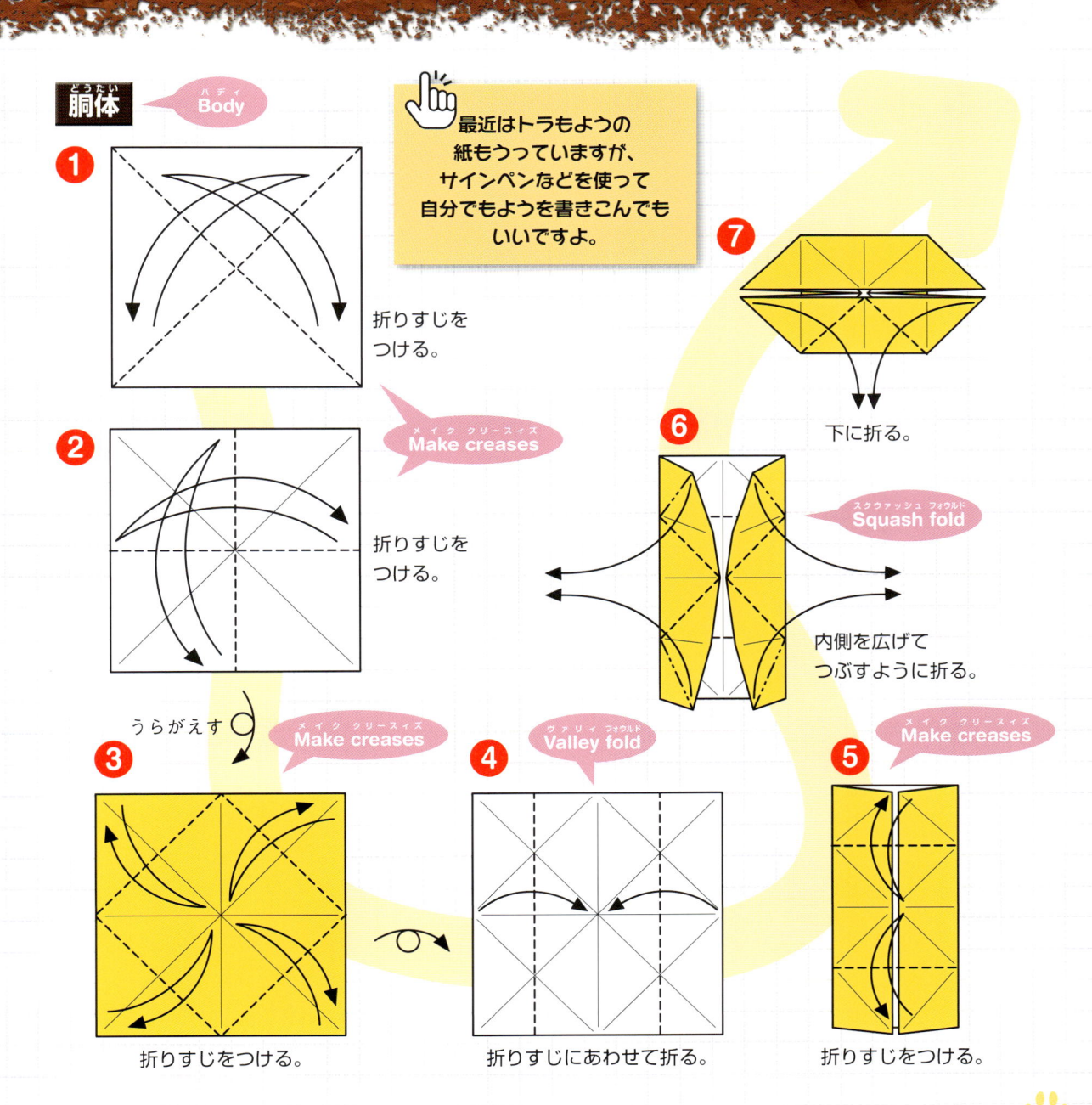

胴体 Body

最近はトラもようの紙もうっていますが、サインペンなどを使って自分でもようを書きこんでもいいですよ。

1. 折りすじをつける。 Make creases
2. 折りすじをつける。 Make creases
3. うらがえす 折りすじをつける。 Make creases
4. 折りすじにあわせて折る。 Valley fold
5. 折りすじをつける。 Make creases
6. 内側を広げてつぶすように折る。 Squash fold
7. 下に折る。

13

⑧
折りすじにあわせて折る。

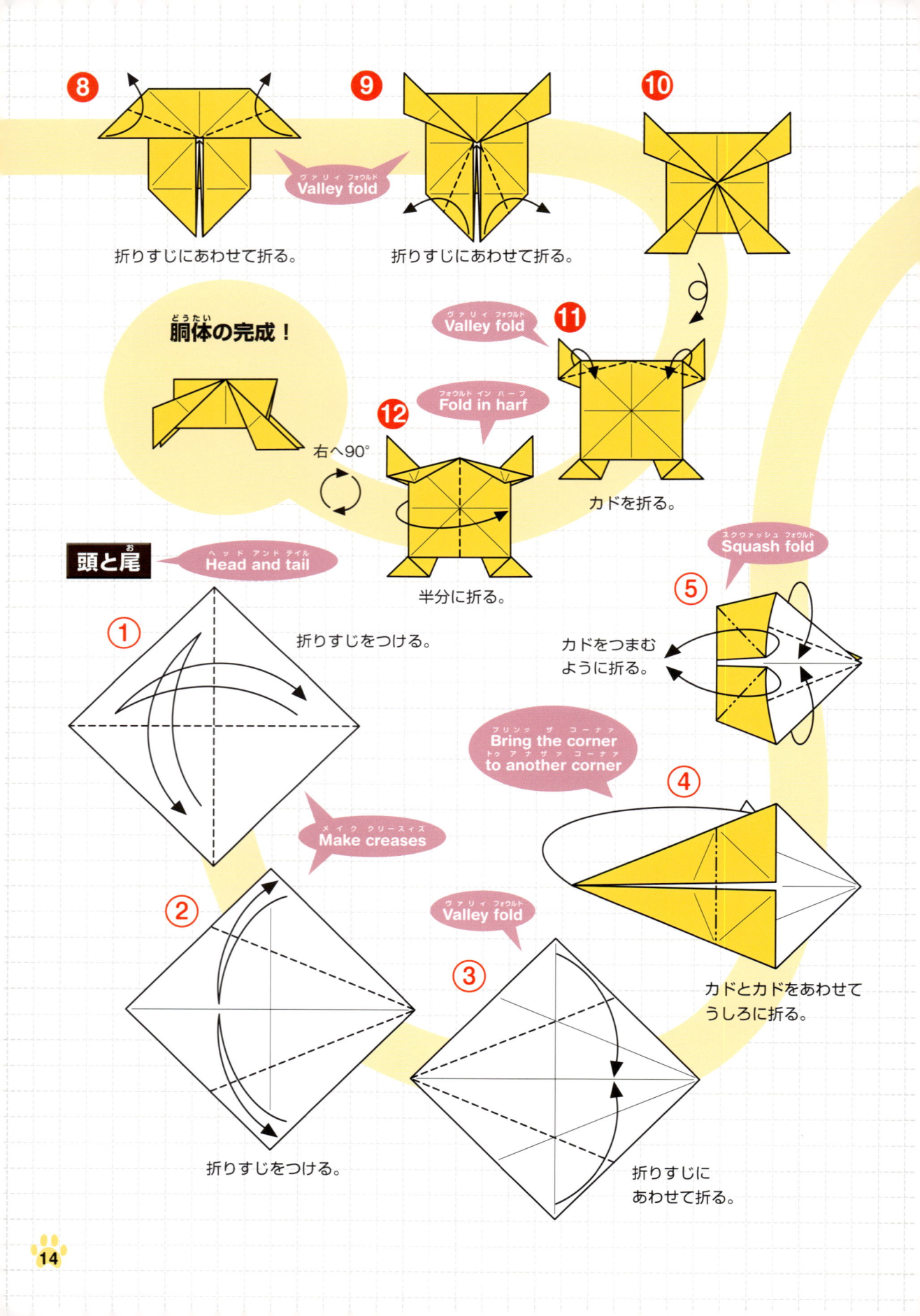

⑨
Valley fold

折りすじにあわせて折る。

⑩

⑪
Valley fold

カドを折る。

胴体の完成！

右へ90°

⑫
Fold in harf

半分に折る。

頭と尾　Head and tail

①
折りすじをつける。

②
Make creases

折りすじをつける。

③
Valley fold

折りすじにあわせて折る。

④
Bring the corner to another corner

カドとカドをあわせてうしろに折る。

⑤
Squash fold

カドをつまむように折る。

14

トラ レベル2

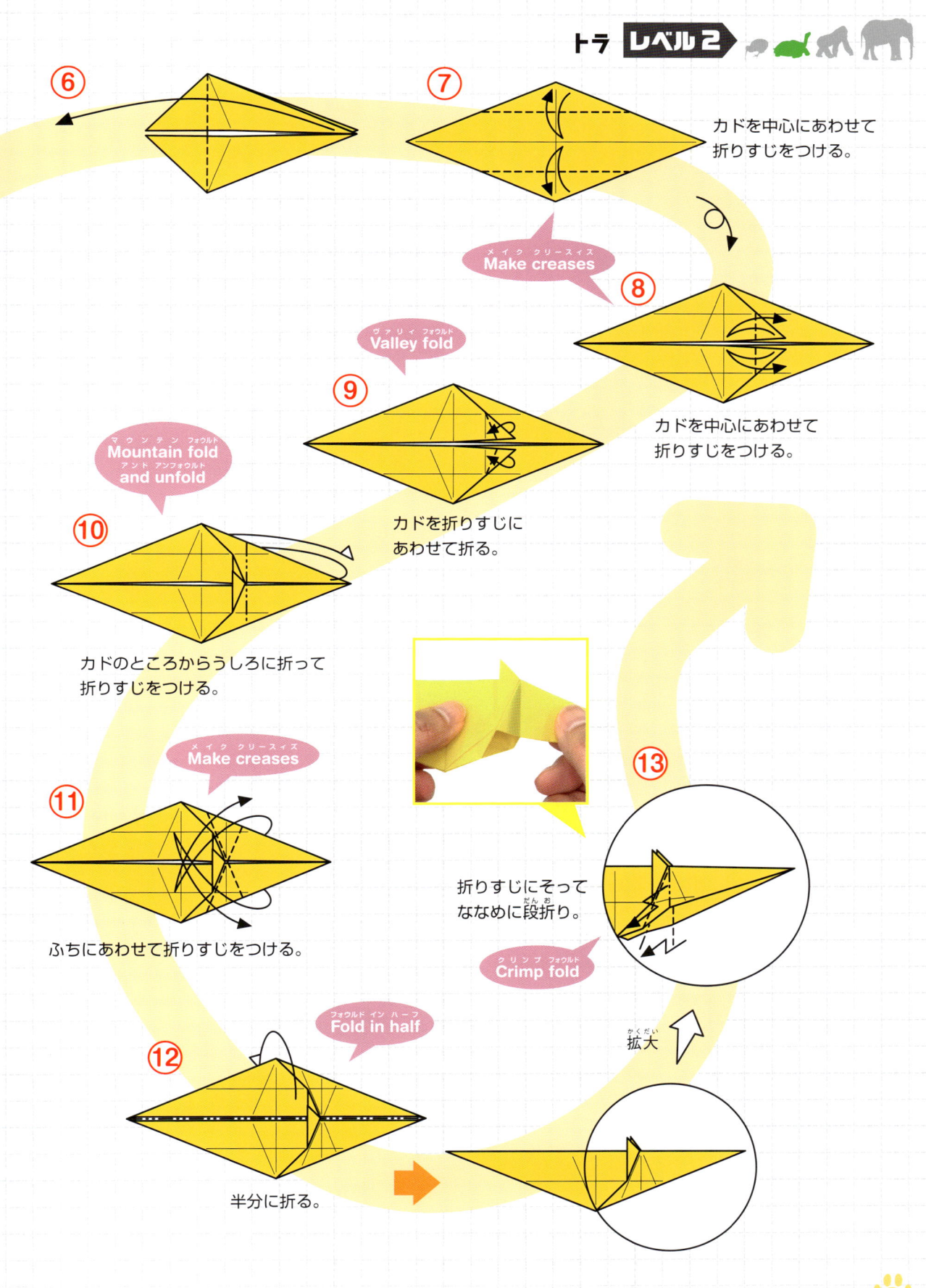

⑥

⑦ Make creases
カドを中心にあわせて折りすじをつける。

⑧ カドを中心にあわせて折りすじをつける。

⑨ Valley fold
カドを折りすじにあわせて折る。

⑩ Mountain fold and unfold
カドのところからうしろに折って折りすじをつける。

⑪ Make creases
ふちにあわせて折りすじをつける。

⑫ Fold in half
半分に折る。

⑬ Crimp fold
折りすじにそってななめに段折り。

拡大

トラ　レベル2

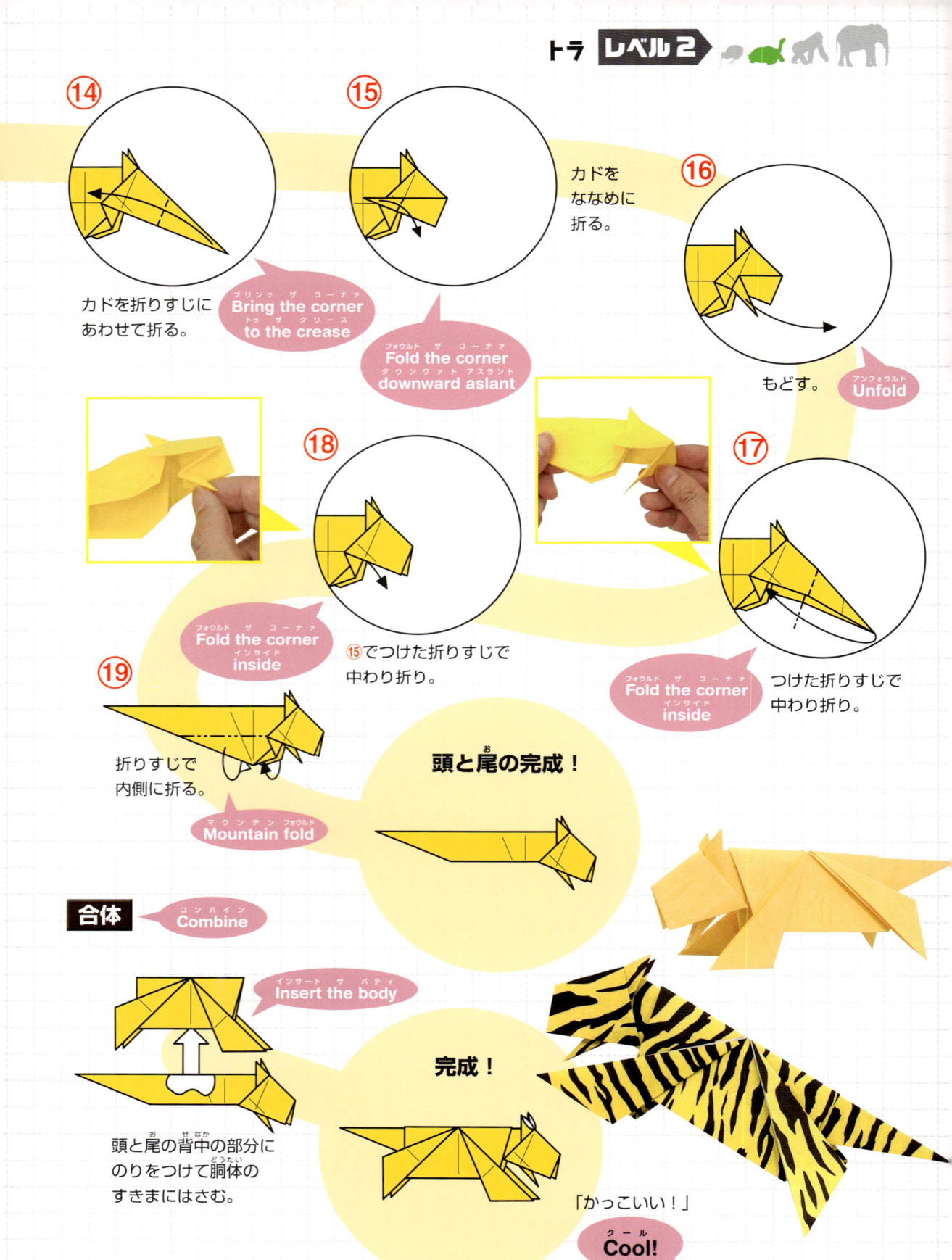

⑭ カドを折りすじにあわせて折る。
Bring the corner to the crease

⑮ カドをななめに折る。
Fold the corner downward aslant

⑯ もどす。
Unfold

⑰ つけた折りすじで中わり折り。
Fold the corner inside

⑱ ⑮でつけた折りすじで中わり折り。
Fold the corner inside

⑲ 折りすじで内側に折る。
Mountain fold

頭と尾の完成！

合体 Combine

Insert the body

頭と尾の背中の部分にのりをつけて胴体のすきまにはさむ。

完成！

「かっこいい！」
Cool!

16

―― 細いタケやタケノコが主食

パンダ（ジャイアントパンダ）

PANDA　IUCNのランク　絶滅危惧種★★★★

つかう紙　おもてが黒うらが白の紙 **2**まい

レベル1

| 分類 | ネコ目パンダ科 | 体長 | 120〜150cm |

分布地域　中国（四川省、甘粛省、陝西省）　推定生息数 1000〜2000頭（2006年）

特徴　おきている時間のほとんどを食べてすごす。主食となるタケのはえる林が破壊されたことにより、数が減少。中国政府による保護が積極的におこなわれていて、四川省には世界遺産に登録されている保護区がある。

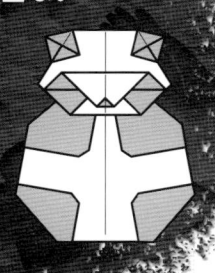

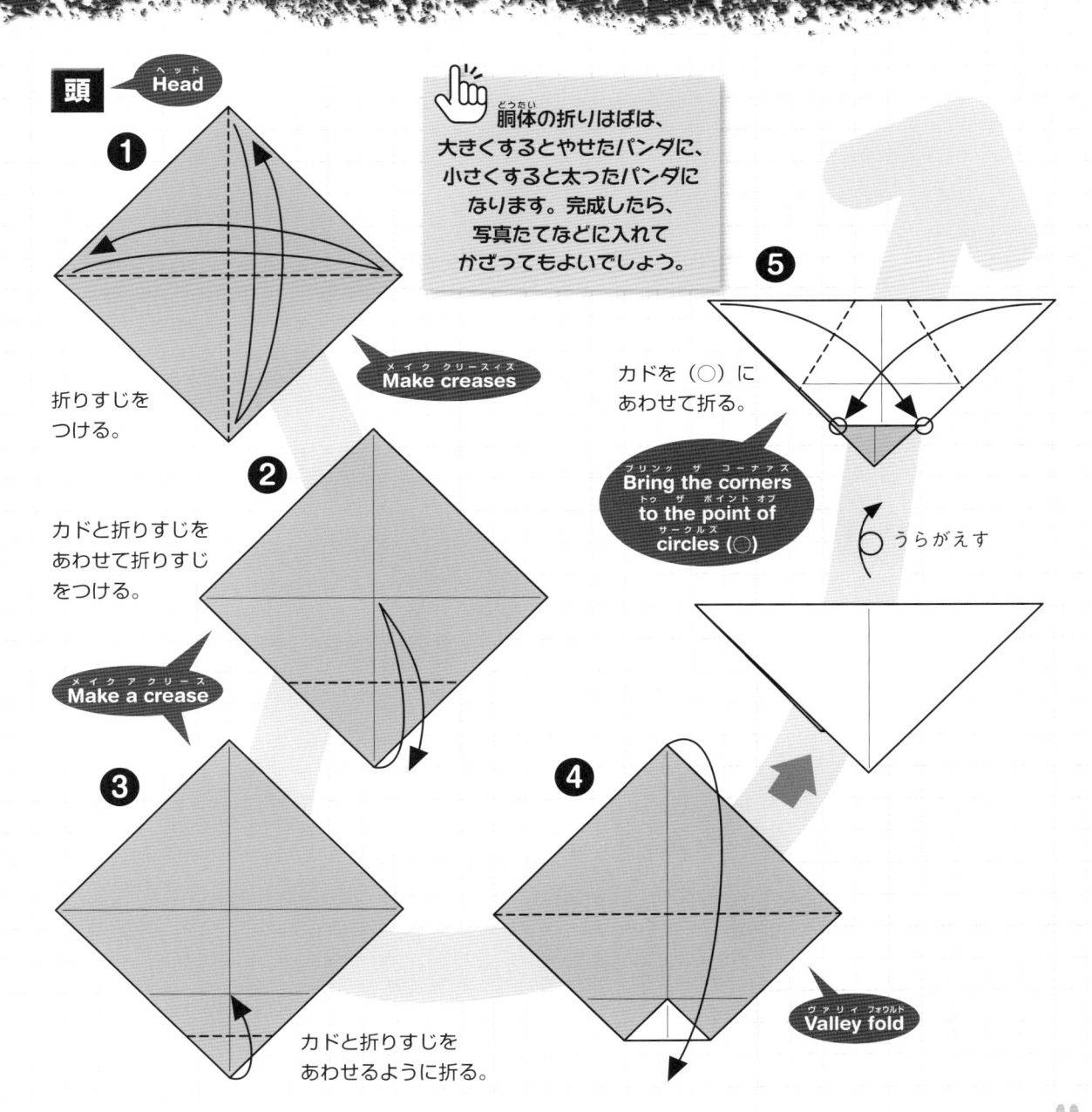

頭　Head

❶ 折りすじをつける。

Make creases

胴体の折りはばは、大きくすると やせたパンダに、小さくすると太ったパンダになります。完成したら、写真たてなどに入れてかざってもよいでしょう。

❷ カドと折りすじをあわせて折りすじをつける。

Make a crease

❸ カドと折りすじをあわせるように折る。

❹ Valley fold

❺ カドを（○）にあわせて折る。

Bring the corners to the point of circles (○)

うらがえす

17

拡大

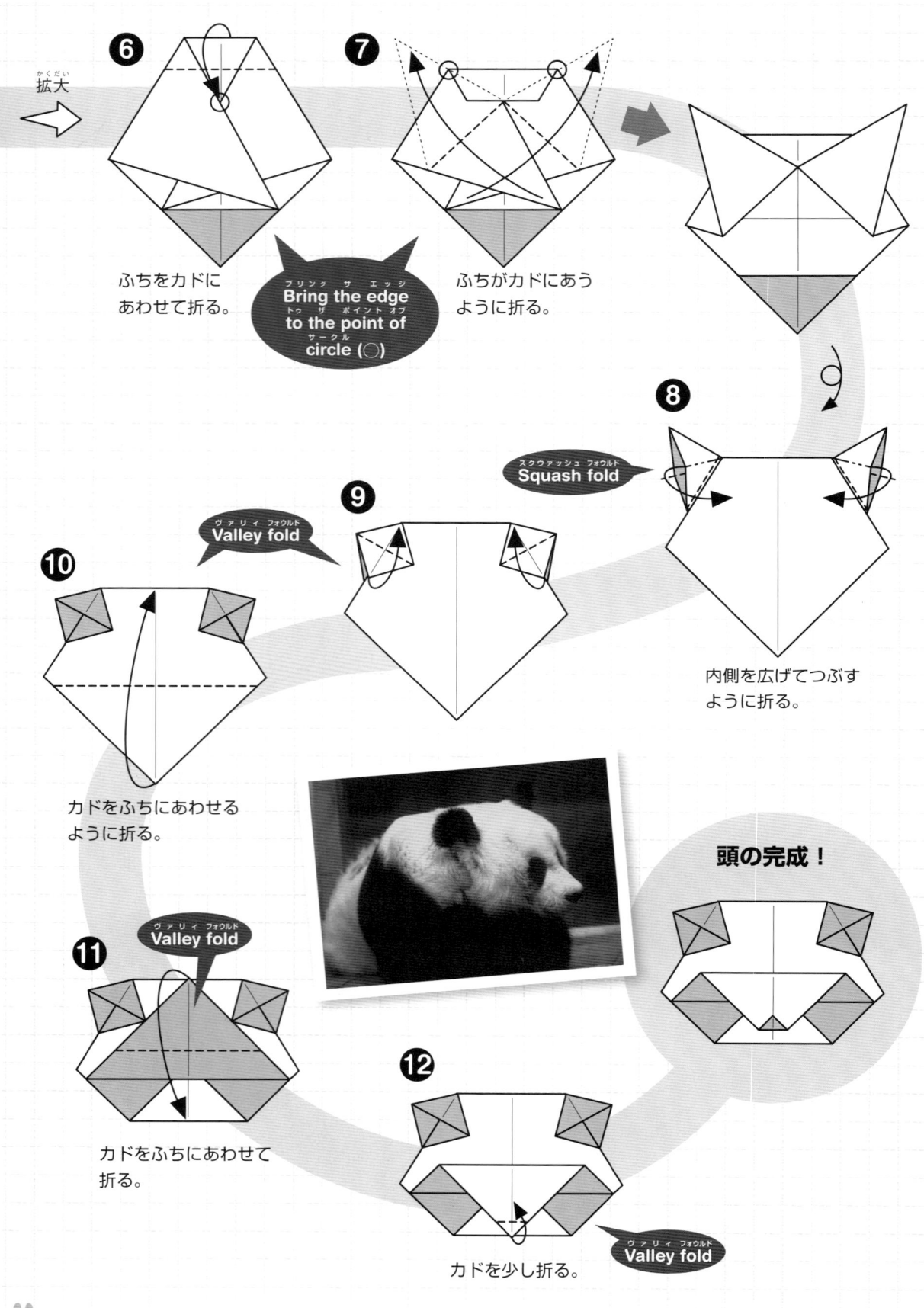

❻ ふちをカドにあわせて折る。

Bring the edge to the point of circle (○)

❼ ふちがカドにあうように折る。

❽ 内側を広げてつぶすように折る。

Squash fold

❾ Valley fold

❿ カドをふちにあわせるように折る。

⓫ カドをふちにあわせて折る。

Valley fold

⓬ カドを少し折る。

Valley fold

頭の完成！

パンダ レベル1

胴体 Body

① 折りすじをつける。

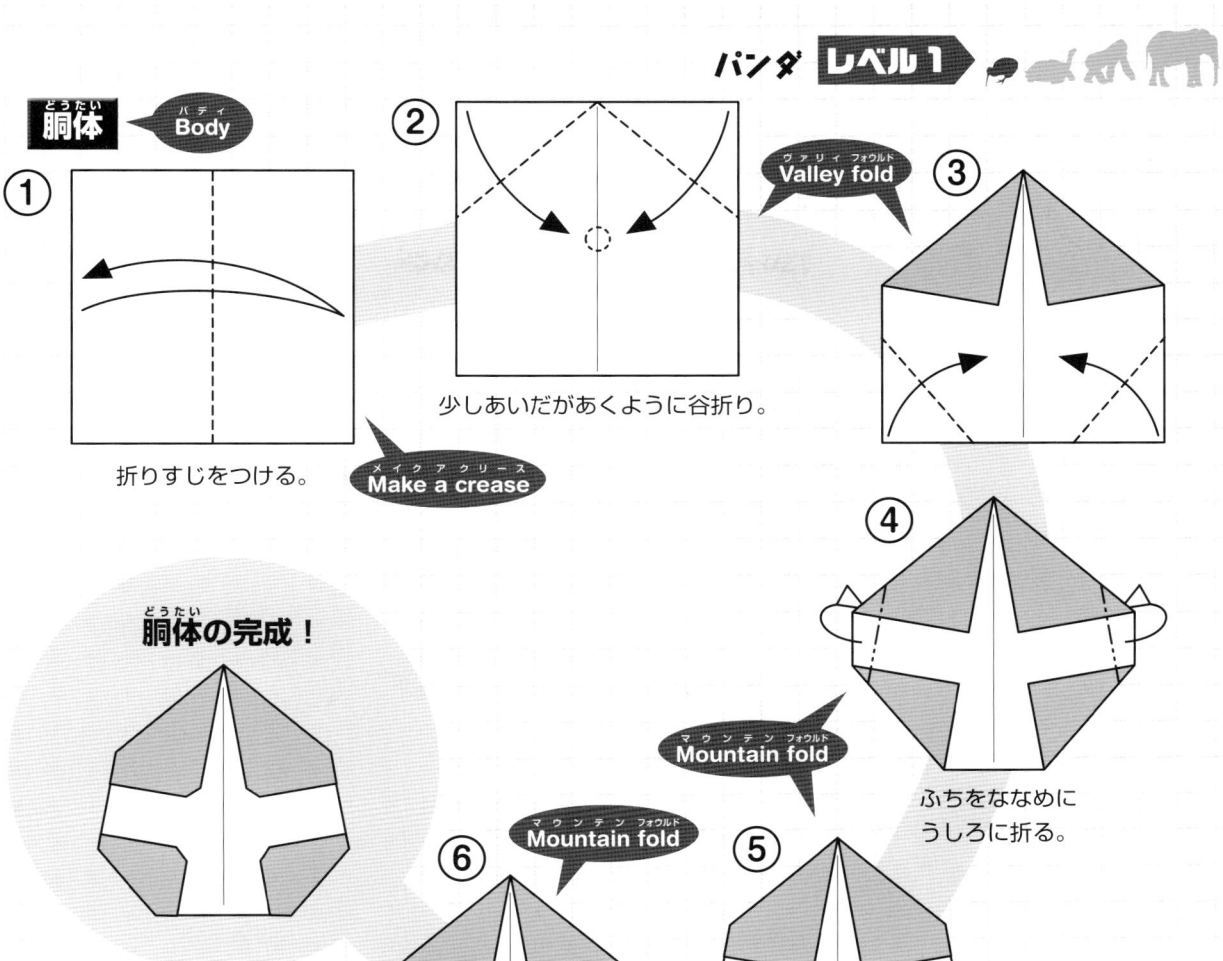

② 少しあいだがあくように谷折り。 Valley fold / Make a crease

③

④ ふちをななめにうしろに折る。 Mountain fold

⑤ ふちをうしろに折る。

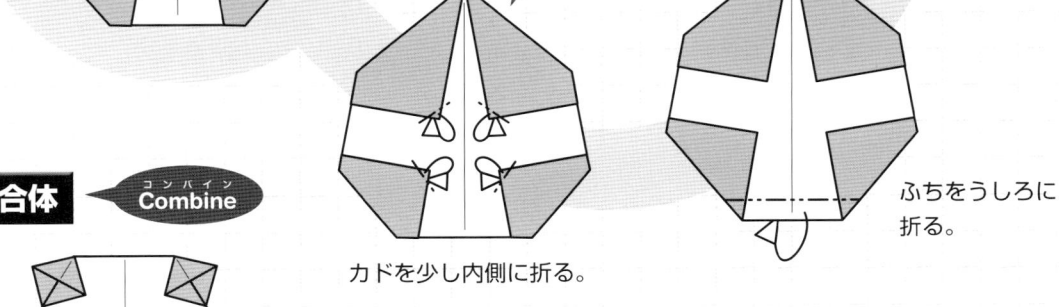

⑥ カドを少し内側に折る。 Mountain fold

胴体の完成！

合体 Combine

のりで頭と胴体をくっつける。

完成！ 「かわいい！」 Cute!

動物コラム

絶滅が心配される動物たち

動物園にいくと、世界じゅうから集まった、いろいろな動物にあうことができます。しかしなかには、さまざまな原因によって急激に数をへらし、絶滅の危機にあるものも数多くいます。

■5種に1種が、絶滅の危機に！

現在、動物だけでなく、昆虫類や植物など、多くの生き物の絶滅が心配されています。動物のほ乳類だけで見ると、およそ5種のうち1種が絶滅の危機にあると考えられています。

■レッドリストとは

絶滅のおそれのある生き物は、「レッドリスト」とよばれるリストにまとめられています。レッドリストは、1966年に国際自然保護連合（IUCN）という、スイスに本部をおく自然保護団体が世界ではじめてつくりました。現在、IUCNのリストのほかに、独自にレッドリストをつくっている国や地域もありますが、多くはIUCNの評価基準にもとづいています。

IUCNでは、野生生物1種ごとに、専門家グループが数や生息地域などについて調査をして、その結果にもとづいて絶滅の危険度を右上のようにランクづけします。

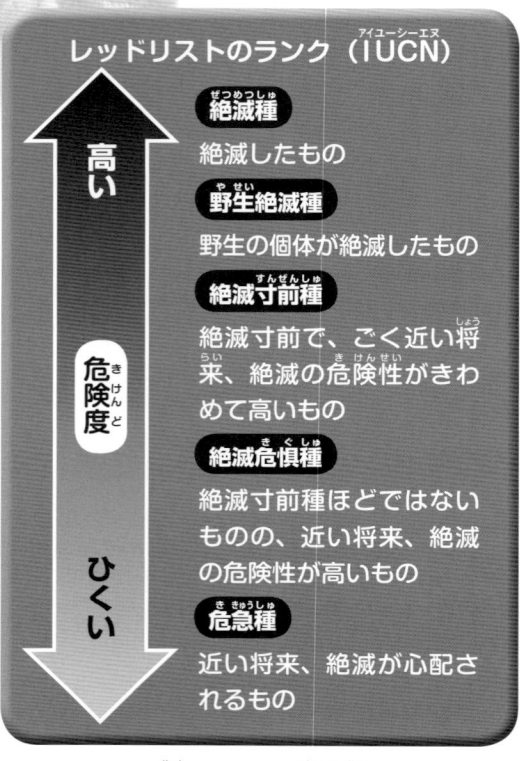

レッドリストのランク（IUCN）

危険度 高い ↑ ↓ ひくい

- **絶滅種**: 絶滅したもの
- **野生絶滅種**: 野生の個体が絶滅したもの
- **絶滅寸前種**: 絶滅寸前で、ごく近い将来、絶滅の危険性がきわめて高いもの
- **絶滅危惧種**: 絶滅寸前種ほどではないものの、近い将来、絶滅の危険性が高いもの
- **危急種**: 近い将来、絶滅が心配されるもの

※このほかに、準絶滅危惧、低懸念、データ不足、未評価などのランクがある。

地球上には、数万種の生き物がいるといわれています。そのうち約2万種以上がレッドリストに掲載されています。さらに、まだ調査がじゅうぶんにおこなわれていない種も多くいることから、今後研究がすすめば、より多くの種がリストアップされる可能性があります。

IUCNレッドリストのホームページ。

■生息数が多くても、絶滅の危機？

2013年3月現在、トラ（13ページ）の推定生息数は5000～7500頭とされています。また、パンダ（ジャイアントパンダ）（17ページ）はわずか1000～2000頭といわれています。トラとパンダはともに「絶滅危惧種」にランクされていて、近い将来の絶滅が心配されています。

しかし、同じランクでもゾウ（アジアゾウ）（10ページ）のように、推定生息数が数万頭以上いるものもいて、トラやパンダにくらべて絶滅の危険性はひくいように感じるかもしれません。

このように、同ランク内で推定生息数に大きなはばがあるのは、ランクづけがたんに生息数だけでは決まらないからです。その野生生物の生息できる環境がどれだけせまくなったか、短期間でどれだけの数がへったかなども、重要な基準です。生息数が多くても、このままの状況がつづいたら、手おくれになる可能性があるためです。

パンダは生息域がせまいことも、絶滅が心配される理由のひとつ。

■どうして、保護しなくてはいけないの？

かつて陸上を支配した恐竜が姿を消したように、生き物の長い歴史のなかで、多くの種が誕生し、絶滅してきました。しかし近年、状況は急激に悪化していて、年間で5～15万種もの生き物が絶滅しているといわれるほどになっています。とくに、南アメリカのアマゾン川流域に広がる世界最大の熱帯雨林の破壊は、植物だけでなく動物や虫がくらす環境をもうばってしまい、深刻な状況です。

多くの生き物が生きられない環境は、人間にとってもよい環境とはいえません。動物が生きるのに必要な酸素を植物がつくりだしていたり、植物の花粉を虫がはこんでいたりと、生き物どうしはおたがいにささえあって生きています。人間も例外ではありません。生き物の命を思いやるのはもちろんのこと、わたしたち人間のためにも、生き物が生きていける環境をまもる必要があるのです。

インドネシア・スマトラ島にすむスマトラトラ。わずか400～500頭しかのこっていないとされる。

あたたかい海にすむ「人魚」
ジュゴン
DUGONG

（IUCNのランク）絶滅危惧種★★★★

分類 カイギュウ目ジュゴン科　**体長** 1〜4m
分布地域 太平洋西部〜インド洋、紅海　**推定生息数** 不明
特徴 一頭のメスが一生に生む子どもの数は5〜6頭と少なく、数がふえにくい。また、環境破壊などによって主食とする海草が少なくなり、それと同時に数もへっている。

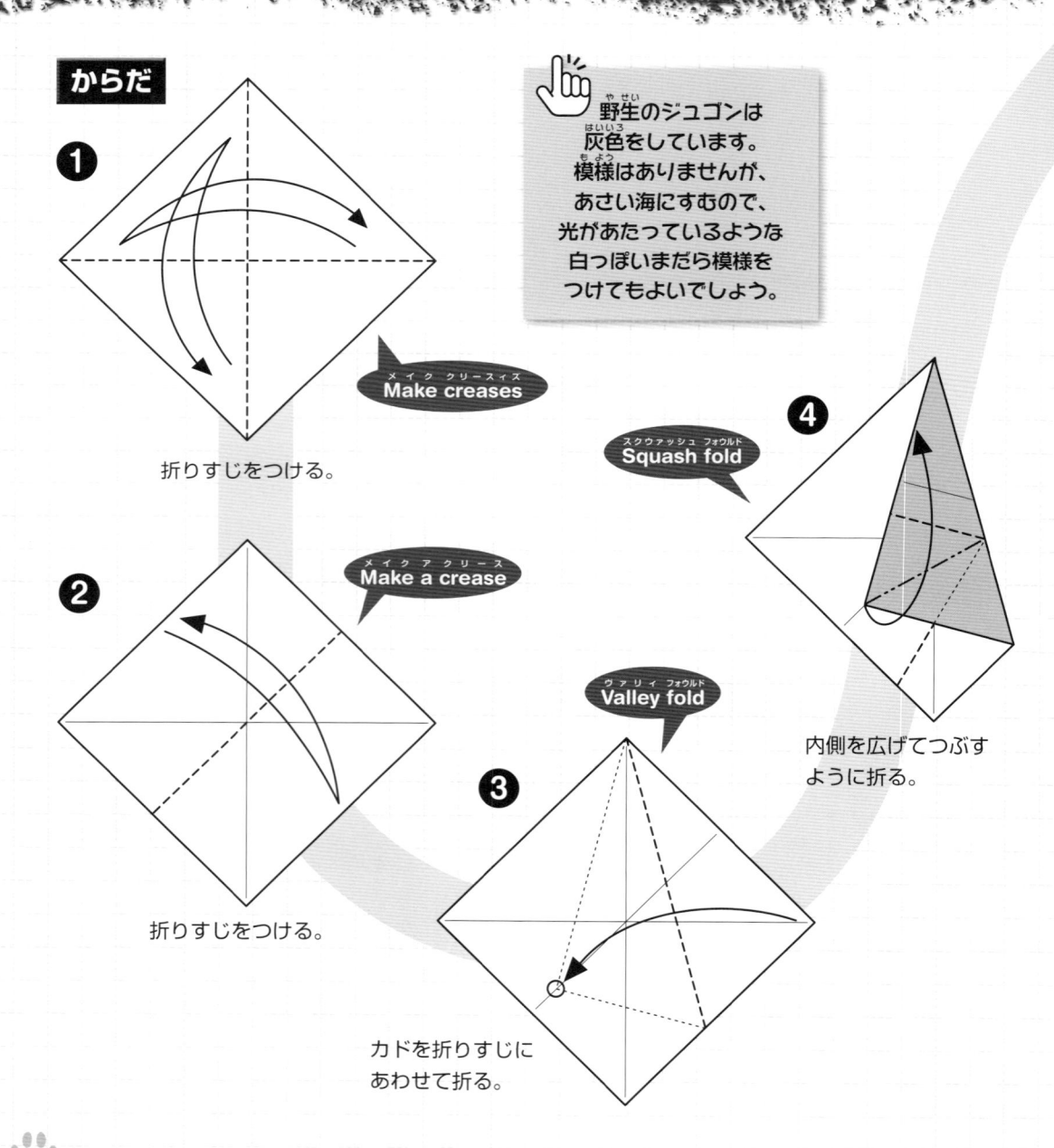

つかう紙 **1まい**

からだ

❶ 折りすじをつける。 **Make creases**

野生のジュゴンは灰色をしています。模様はありませんが、あさい海にすむので、光があたっているような白っぽいまだら模様をつけてもよいでしょう。

❷ 折りすじをつける。 **Make a crease**

❸ カドを折りすじにあわせて折る。 **Valley fold**

❹ 内側を広げてつぶすように折る。 **Squash fold**

ジュゴン レベル2

❺

❻ Valley fold

うらがえす

ついている折りすじで折る
（平面にはならない）。

❼ ふちとふちを
あわせるように
折る。

Bring the edge
to the edge

❽ Squash fold

内側を広げて
つぶすように折る。

右へ90°

❾ カドとカドをあわせる
ように折る。

Bring the corner
to the corner

❿ Bring the corner
to the corner

拡大

カドとカドをあわせる
ように折る。

⓫ もどす。

Open

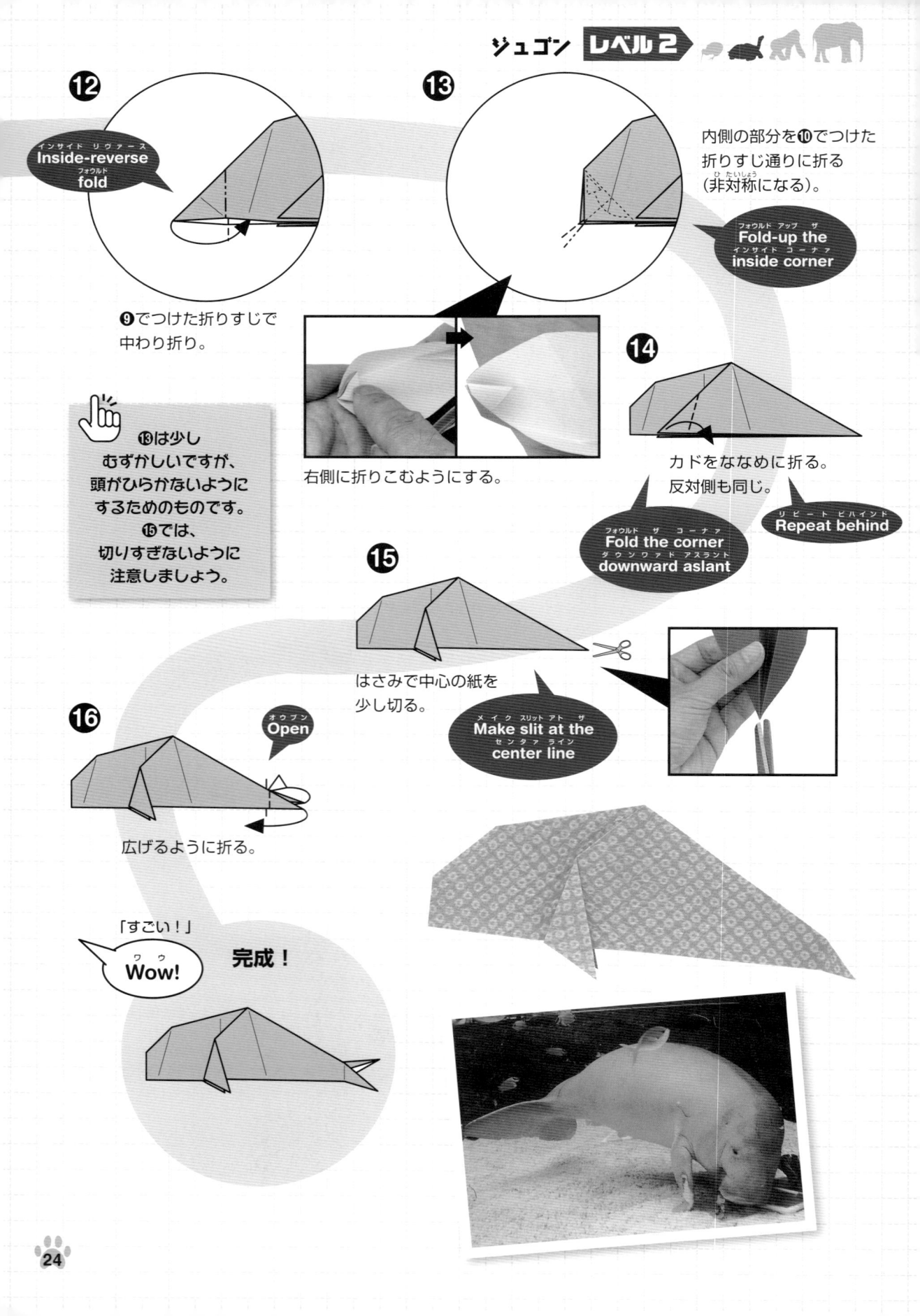

ジュゴン **レベル2**

⑫ **Inside-reverse fold**

⑨でつけた折りすじで中わり折り。

⑬ 内側の部分を⑩でつけた折りすじ通りに折る（非対称になる）。

Fold-up the inside corner

右側に折りこむようにする。

⑬は少しむずかしいですが、頭がひらかないようにするためのものです。⑮では、切りすぎないように注意しましょう。

⑭ カドをななめに折る。反対側も同じ。

Fold the corner downward aslant

Repeat behind

⑮ はさみで中心の紙を少し切る。

Make slit at the center line

⑯ **Open**

広げるように折る。

「すごい！」 **Wow!** 完成！

名前の由来は鳴き声
キーウィ
KIWI　　IUCNのランク　危急種★★★

レベル2

つかう紙　コピー用紙（B5、A4など）1まい

- 分類　キーウィ目・キーウィ科　　体長　50～65cm
- 分布地域　ニュージーランド　　推定生息数　5万4000羽（2008年）
- 特徴　翼は退化していて飛ぶことができない。もともと天敵のいない環境でくらしていたが、人間がほかの地域からもちこんだイヌやオコジョなどといった動物によっておそわれることが原因となり、数がへっている。

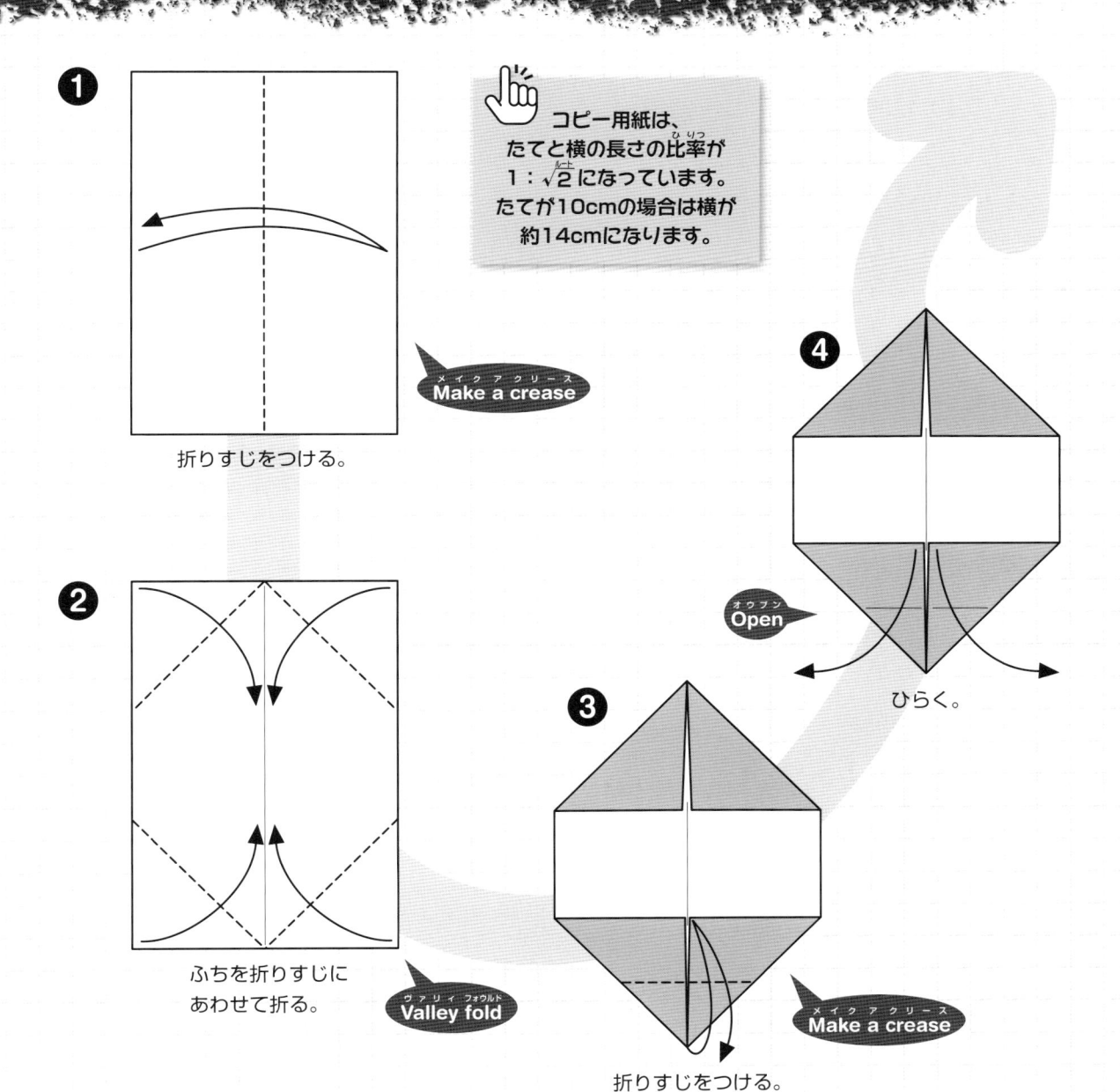

❶ 折りすじをつける。
Make a crease

コピー用紙は、たてと横の長さの比率が1：$\sqrt{2}$になっています。たてが10cmの場合は横が約14cmになります。

❷ ふちを折りすじにあわせて折る。
Valley fold

❸ 折りすじをつける。
Make a crease

❹ ひらく。
Open

25

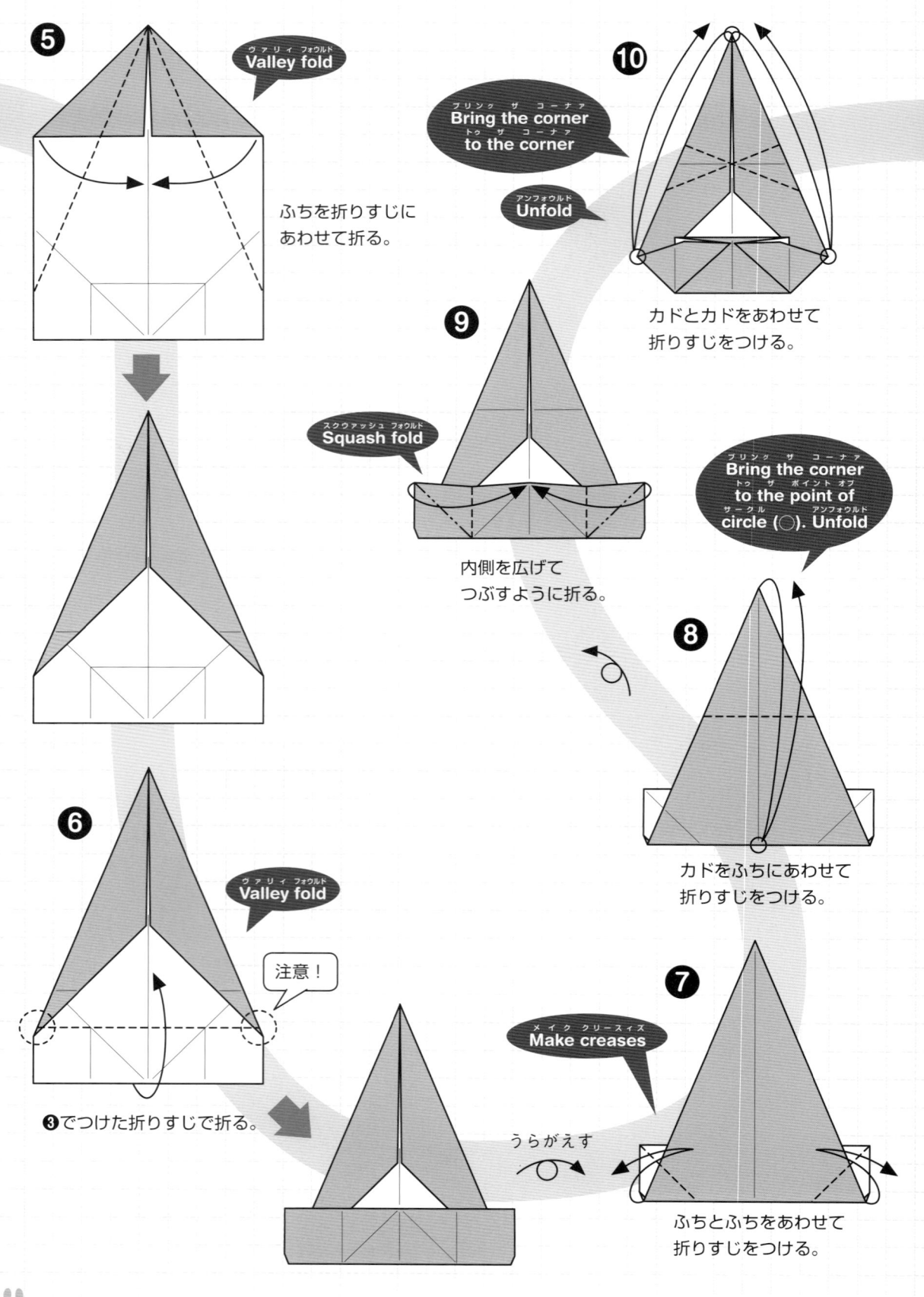

❺ Valley fold

ふちを折りすじに
あわせて折る。

❻ Valley fold

注意!

❸でつけた折りすじで折る。

❼ Make creases

うらがえす

ふちとふちをあわせて
折りすじをつける。

❽ Bring the corner to the point of circle (○). Unfold

カドをふちにあわせて
折りすじをつける。

❾ Squash fold

内側を広げて
つぶすように折る。

❿ Bring the corner to the corner. Unfold

カドとカドをあわせて
折りすじをつける。

26

キーウィ **レベル2**

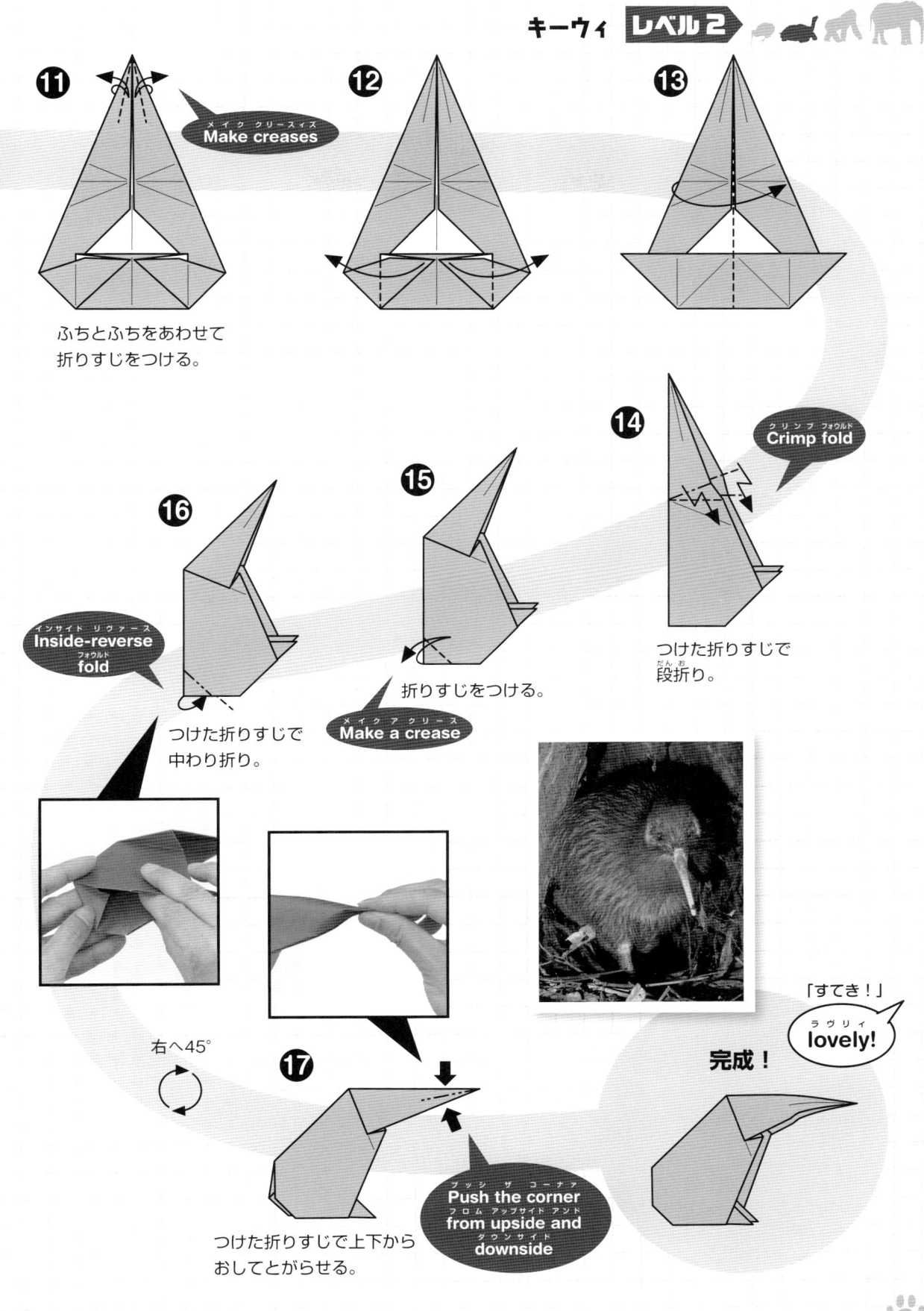

⑪ **Make creases**

ふちとふちをあわせて折りすじをつける。

⑫

⑬

⑭ **Crimp fold**

つけた折りすじで段折り。

⑮ **Make a crease**

折りすじをつける。

⑯ **Inside-reverse fold**

つけた折りすじで中わり折り。

右へ45°

⑰ **Push the corner from upside and downside**

つけた折りすじで上下からおしてとがらせる。

完成！ 「すてき！」 **lovely!**

動物コラム

絶滅危機動物マップ

◇絶滅の原因は人間に

現在の大量絶滅の危機は、人間がつくりだしたといわれています。人間がさかえていく一方で、つぎのような理由から多くの生き物が犠牲になってきました。

インド洋モーリシャス島に生息していたドードー。鳥のなかまだが、島に天敵がいなかったために、飛ばなくなった。

狩猟

16世紀以降、大航海のすえに新大陸がつぎつぎと発見されました。人びとは、新しい大陸で食料をえるために、また、めずらしい動物を高値で売るために、その地に生息していた動物をつかまえました。
たとえば、かつてモーリシャス島にいたドードーという鳥は、人間が食料にするためにかりつくした結果、17世紀までに絶滅しました。また、かつて日本に広く分布していたニホンオオカミも、人間が絶滅においこんだ動物のひとつです。

ニホンオオカミ。1905年の捕獲を最後に目撃されていないため、絶滅したと考えられている。

外来生物のもちこみ

新大陸に上陸した人びとは、イヌなどの動物をもちこみ、そのまま野外にはなしてしまうことがありました。このように、人間にもちこまれるまでその土地にはいなかった生き物のことを、「外来生物」といいます。外来生物は、もともとすんでいた野生生物に悪影響をおよぼすことが多くあり、絶滅にまでおいやられた生き物も少なくありません。
たとえば、日本の小笠原諸島に生息していたオガサワラカラスバトは、1889年ごろに絶滅したとされています。開拓が目的で島に入った人間がもちこんだネコやネズミなどの外来生物が、オガサワラカラスバトをおそい、たまごを食べてしまったことが、絶滅の大きな原因だと考えられています。

アフリカ大陸

ゴリラ（マウンテンゴリラ）51ページ

サイ（クロサイ）34ページ

ドードー
モーリシャス島

オガサワラカラスバト。日本には標本がのこっていないが、ヨーロッパに数体保管されている。

下の世界地図は、この本でとりあげた、絶滅が心配されている動物と、絶滅したとされる動物の生息地をしめしたものです。ホッキョクグマやジュゴンなど、生息している地域が広い場合は、一部のみをしめしています。

環境破壊

現在、農地をつくったり、木材をえたりするために、世界各地で森林が破壊されています。工場から出る廃水により川や海もよごされました。生き物がくらす環境はこわされ、多くの動植物が絶滅においやられました。河川のはんらんをふせぐための護岸工事も、動物のすみかをうばう原因になることがあります。

日本では、ニホンカワウソ（IUCNでは絶滅寸前種、環境省は2012年8月に絶滅種に指定）が、護岸工事ですみかを破壊されたことが絶滅の大きな原因だといわれています。

- ホッキョクグマ 30ページ
- ユーラシア大陸
- 北極海
- 北アメリカ大陸
- パンダ（ジャイアントパンダ）17ページ
- ニホンオオカミ、オガサワラカラスバト、ニホンカワウソ
- ジュゴン 22ページ
- ゾウ（アジアゾウ）10ページ
- 太平洋
- 大西洋
- ゾウガメ（ガラパゴスゾウガメ）38ページ
- 赤道
- アルマジロ（ミツオビアルマジロ）44ページ
- オーストラリア大陸
- ニュージーランド
- キーウィ 25ページ
- 南アメリカ大陸
- 南極大陸

29

小さい頭と長い首

ホッキョクグマ
POLAR BEAR　IUCNのランク　危急種★★★

つかう紙　コピー用紙（B5、A4など）**1**まい

分類 ネコ目クマ科　**体長** 200〜250cm
分布地域 ユーラシア大陸北部、北アメリカ大陸北部沿岸部　**推定生息数** 2〜2万5000頭
特徴 陸地や氷上を移動しながら生活する。地球温暖化によって北極海の氷がへっており、ホッキョクグマの生息地もへると心配されている。

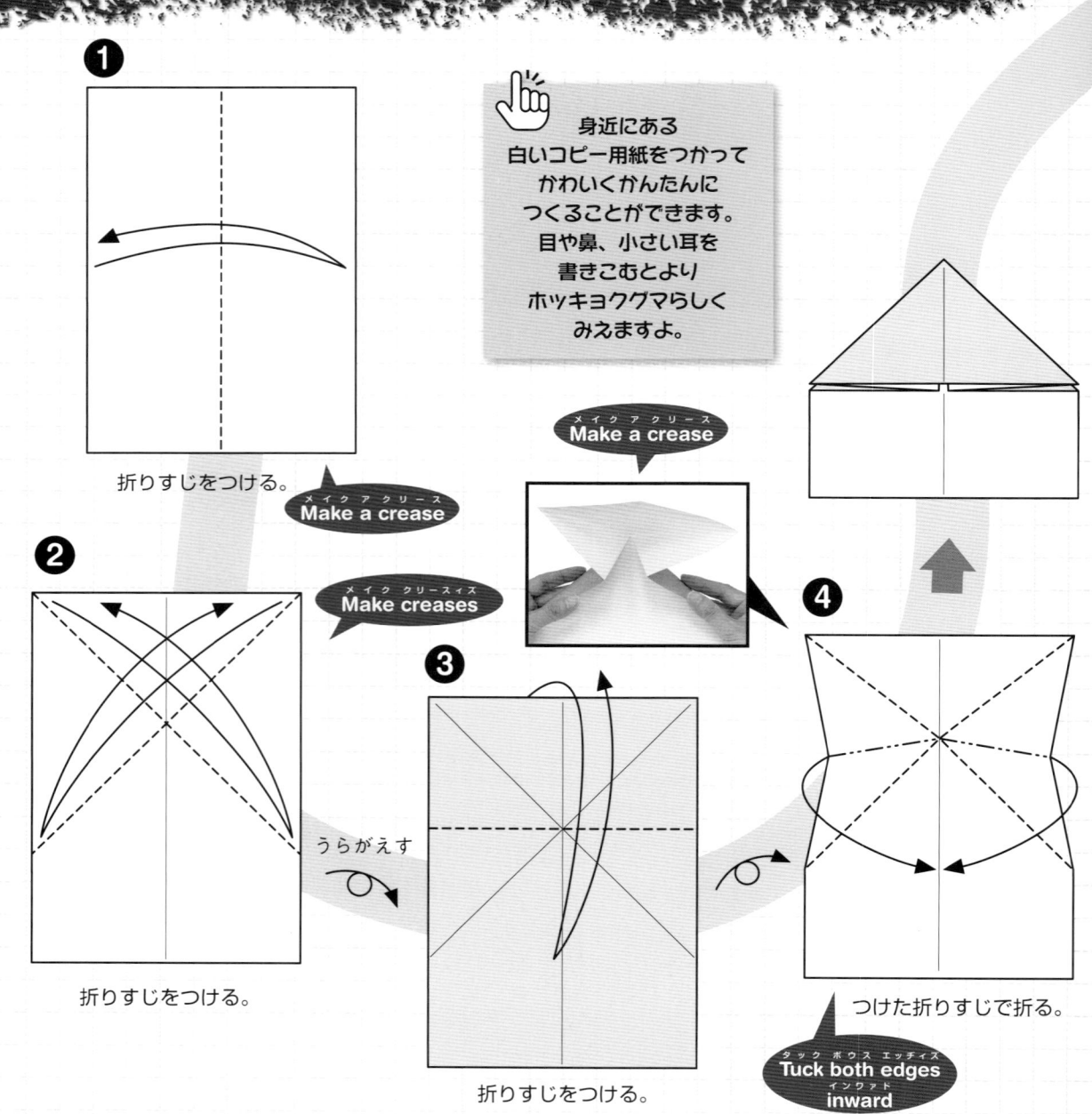

❶ 折りすじをつける。

身近にある白いコピー用紙をつかってかわいくかんたんにつくることができます。目や鼻、小さい耳を書きこむとよりホッキョクグマらしくみえますよ。

Make a crease

❷ 折りすじをつける。

Make creases

❸ 折りすじをつける。

うらがえす

Make a crease

❹ つけた折りすじで折る。

Tuck both edges inward

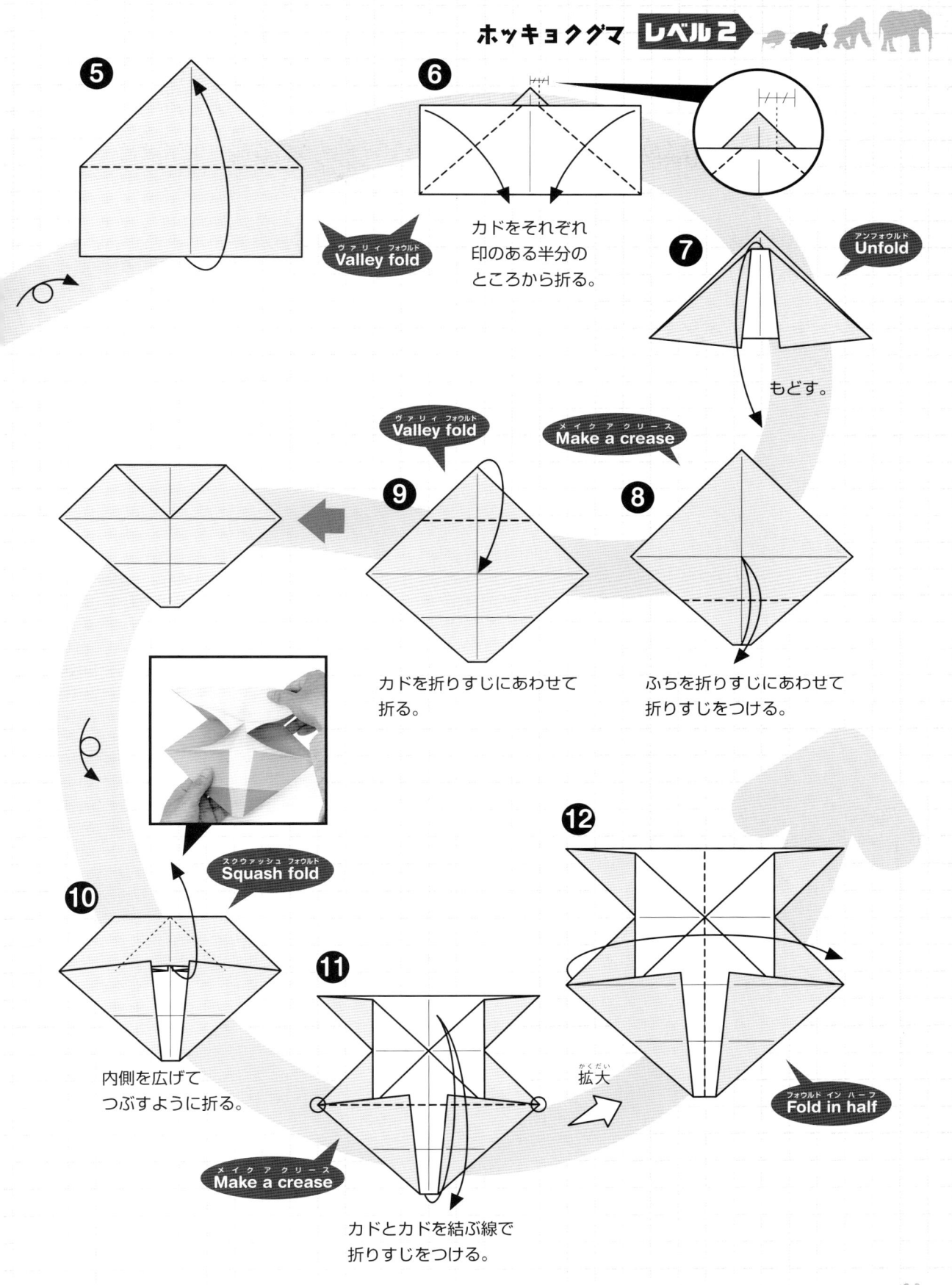

ホッキョクグマ レベル2

5

Valley fold

6

カドをそれぞれ印のある半分のところから折る。

7

Unfold

もどす。

8

Make a crease

ふちを折りすじにあわせて折りすじをつける。

9

Valley fold

カドを折りすじにあわせて折る。

10

Squash fold

内側を広げてつぶすように折る。

11

Make a crease

カドとカドを結ぶ線で折りすじをつける。

12

拡大

Fold in half

31

⑬ 右に90°

カド

Make a crease

カドのところからふちと○が重なるように折る。

⑭ **Open**

もどす。

⑮ **Crimp fold**

つけた折りすじで段折り。

⑯ **Crimp fold**

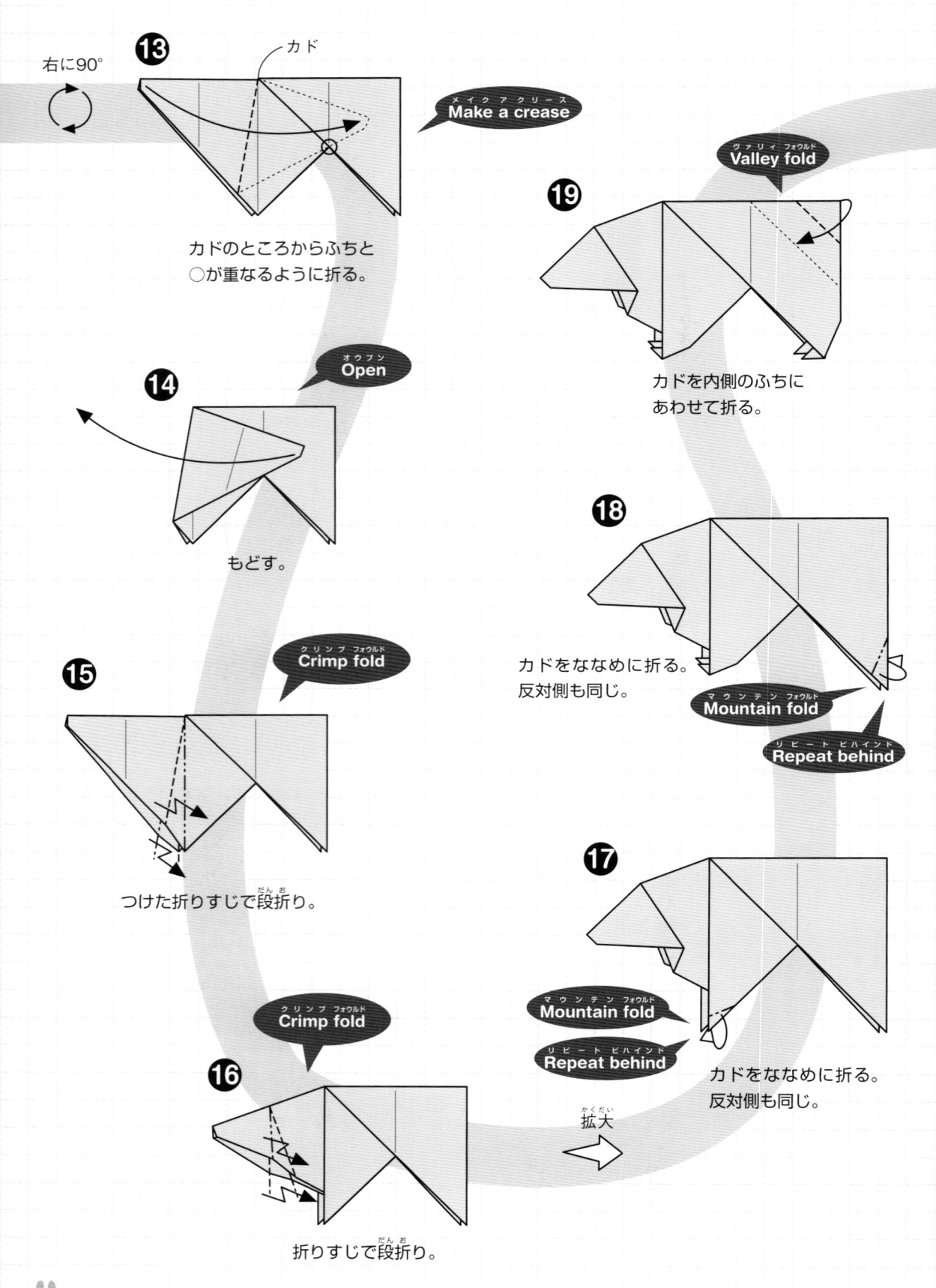

折りすじで段折り。

⑰ **Mountain fold** **Repeat behind**

カドをななめに折る。反対側も同じ。

拡大

⑱ **Mountain fold** **Repeat behind**

カドをななめに折る。反対側も同じ。

⑲ **Valley fold**

カドを内側のふちにあわせて折る。

32

ホッキョクグマ レベル2

⑳ Valley fold

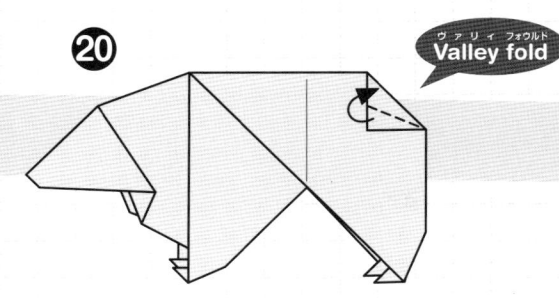

ふちをふちにあわせて折る。

㉑ もどす。 Open

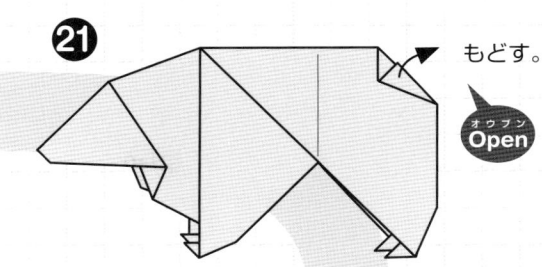

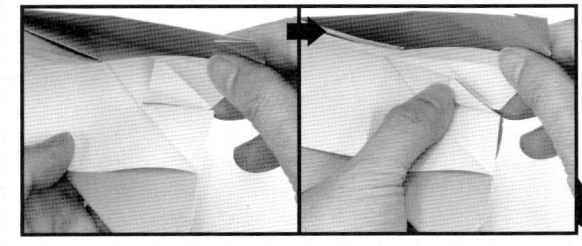

右側に折りこむようにする。

㉒ Inside-reverse fold

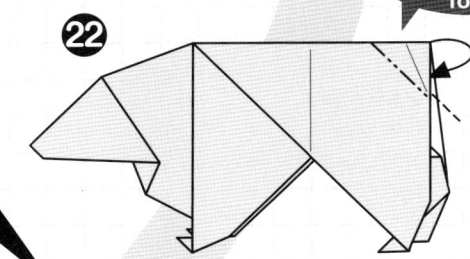

⑲でつけた折りすじで中わり折り。

㉓ Fold-up the inside corner

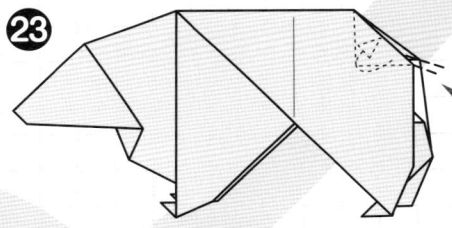

内側の部分を⑳でつけた折りすじ通りに折る（非対称になる）。

「やったー！」
I did it! 完成！

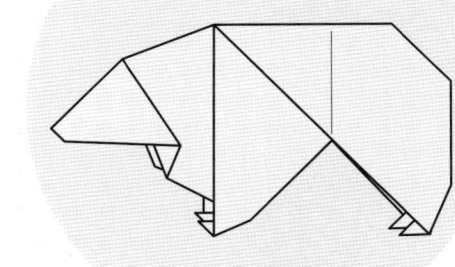

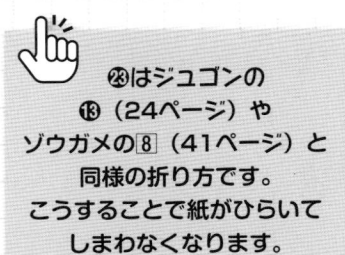

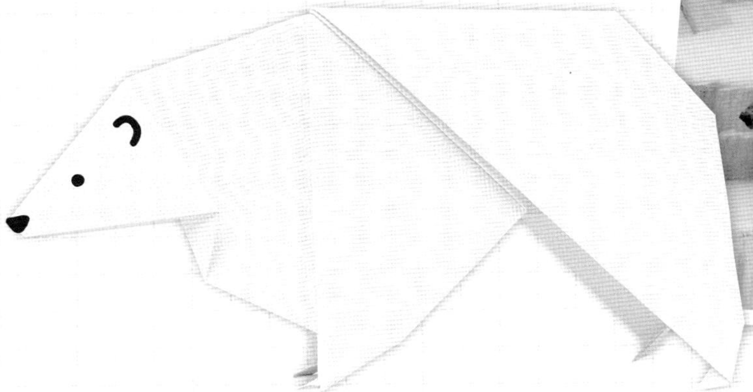

㉓はジュゴンの⑬（24ページ）やゾウガメの⑧（41ページ）と同様の折り方です。こうすることで紙がひらいてしまわなくなります。

33

頭部の角2本が特徴

サイ（クロサイ）
RHINOCEROS

IUCNのランク 絶滅寸前種 ★★★★★

つかう紙 **2**まい

分類 ウマ目サイ科　**体長** 300〜375cm
分布地域 アフリカ大陸中央部〜南部　**推定生息数** 4880頭（2010年）
特徴 昔から角をねらった狩猟が多く、一部の生息地では19世紀に絶滅したところもある。手あつい保護活動がおこなわれているものの、密猟があとをたたず、出産頭数も少ないため、絶滅の危険度が高い。

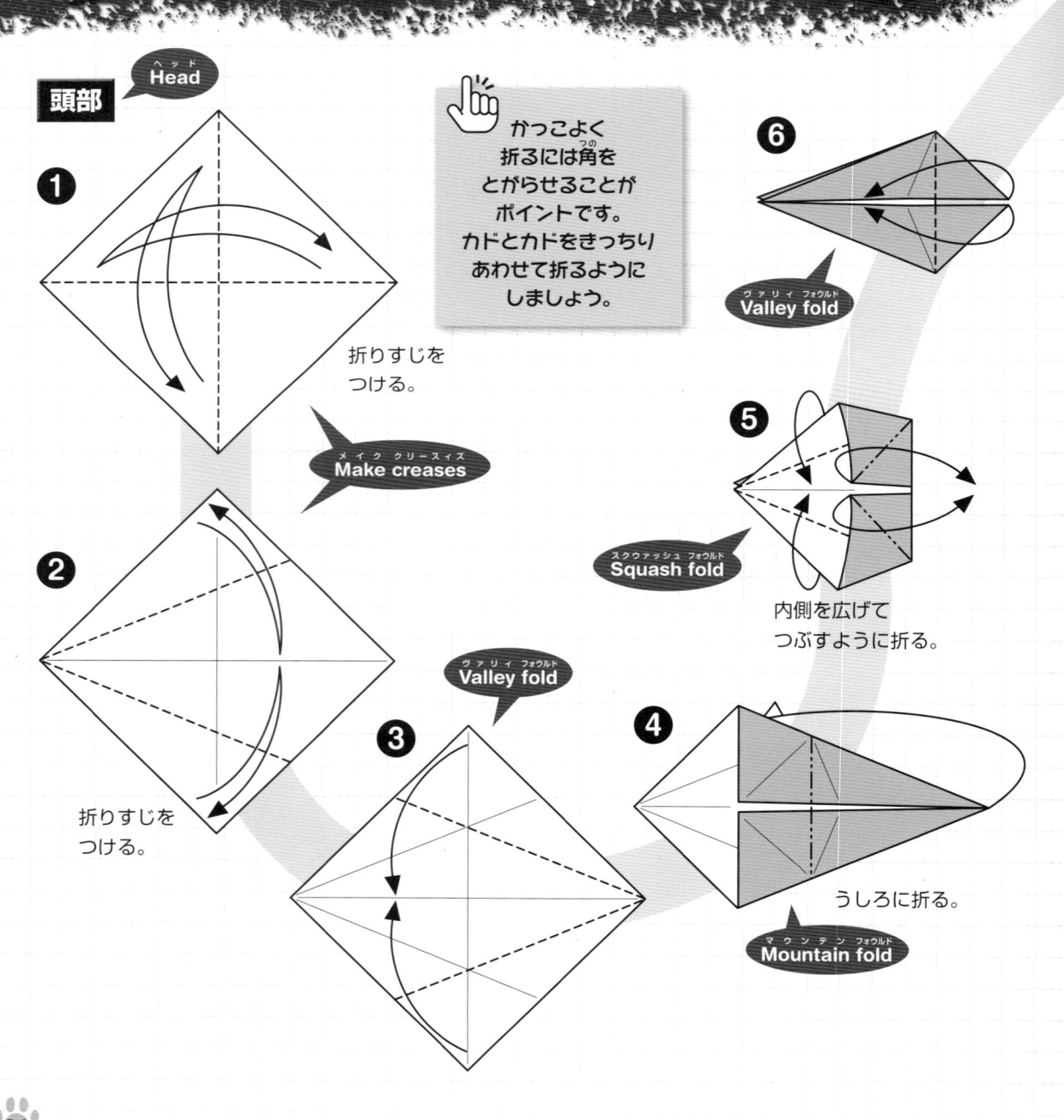

頭部 Head

❶ 折りすじをつける。 Make creases

かっこよく折るには角をとがらせることがポイントです。カドとカドをきっちりあわせて折るようにしましょう。

❷ 折りすじをつける。

❸ Valley fold

❹ うしろに折る。 Mountain fold

❺ 内側を広げてつぶすように折る。 Squash fold

❻ Valley fold

サイ レベル2

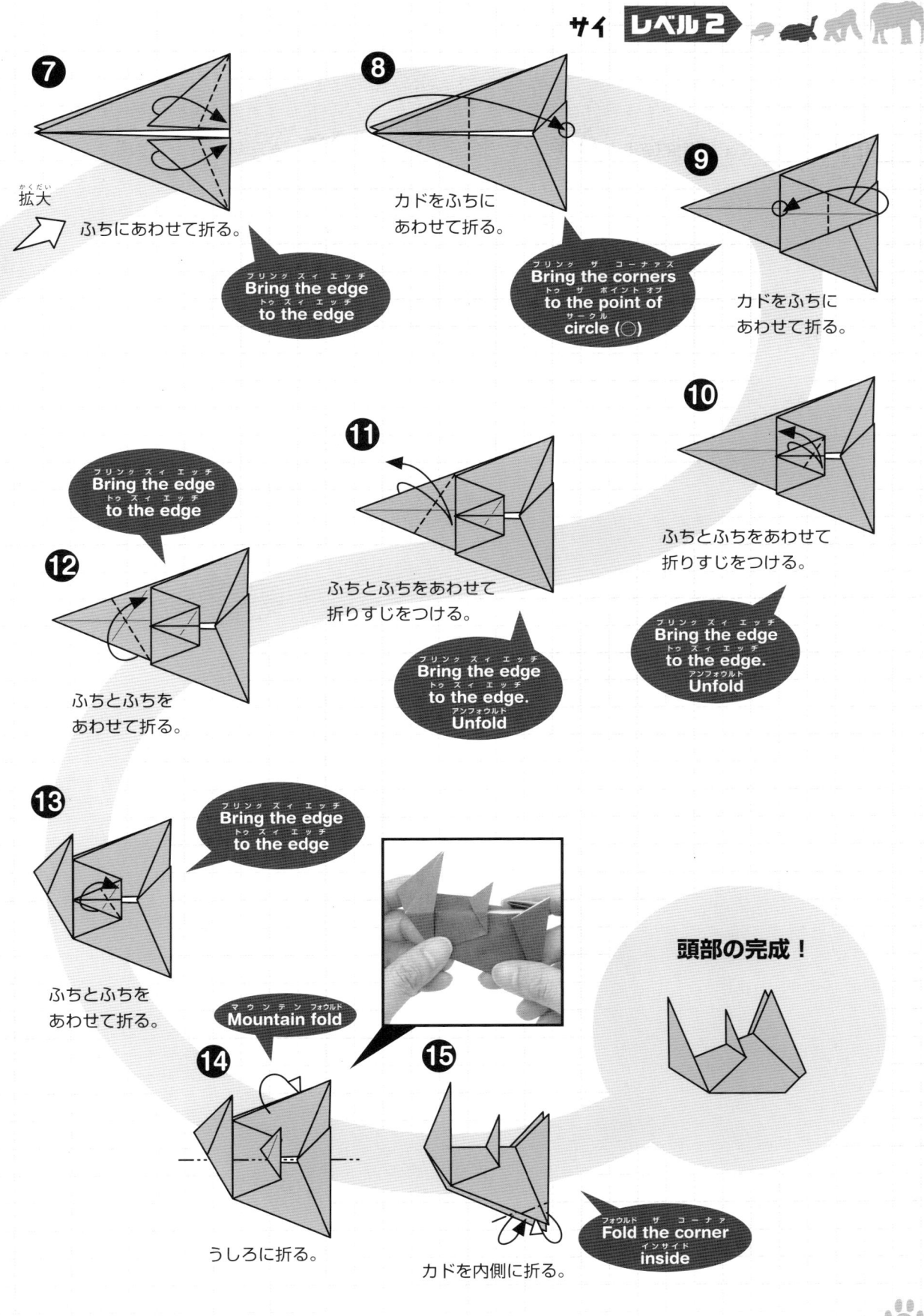

7 ふちにあわせて折る。
拡大

Bring the edge to the edge

8 カドをふちにあわせて折る。

Bring the corners to the point of circle (○)

9 カドをふちにあわせて折る。

10 ふちとふちをあわせて折りすじをつける。

Bring the edge to the edge. Unfold

11 ふちとふちをあわせて折りすじをつける。

Bring the edge to the edge. Unfold

12 ふちとふちをあわせて折る。

Bring the edge to the edge

13 ふちとふちをあわせて折る。

Bring the edge to the edge

14 うしろに折る。

Mountain fold

15 カドを内側に折る。

Fold the corner inside

頭部の完成！

胴体 Body

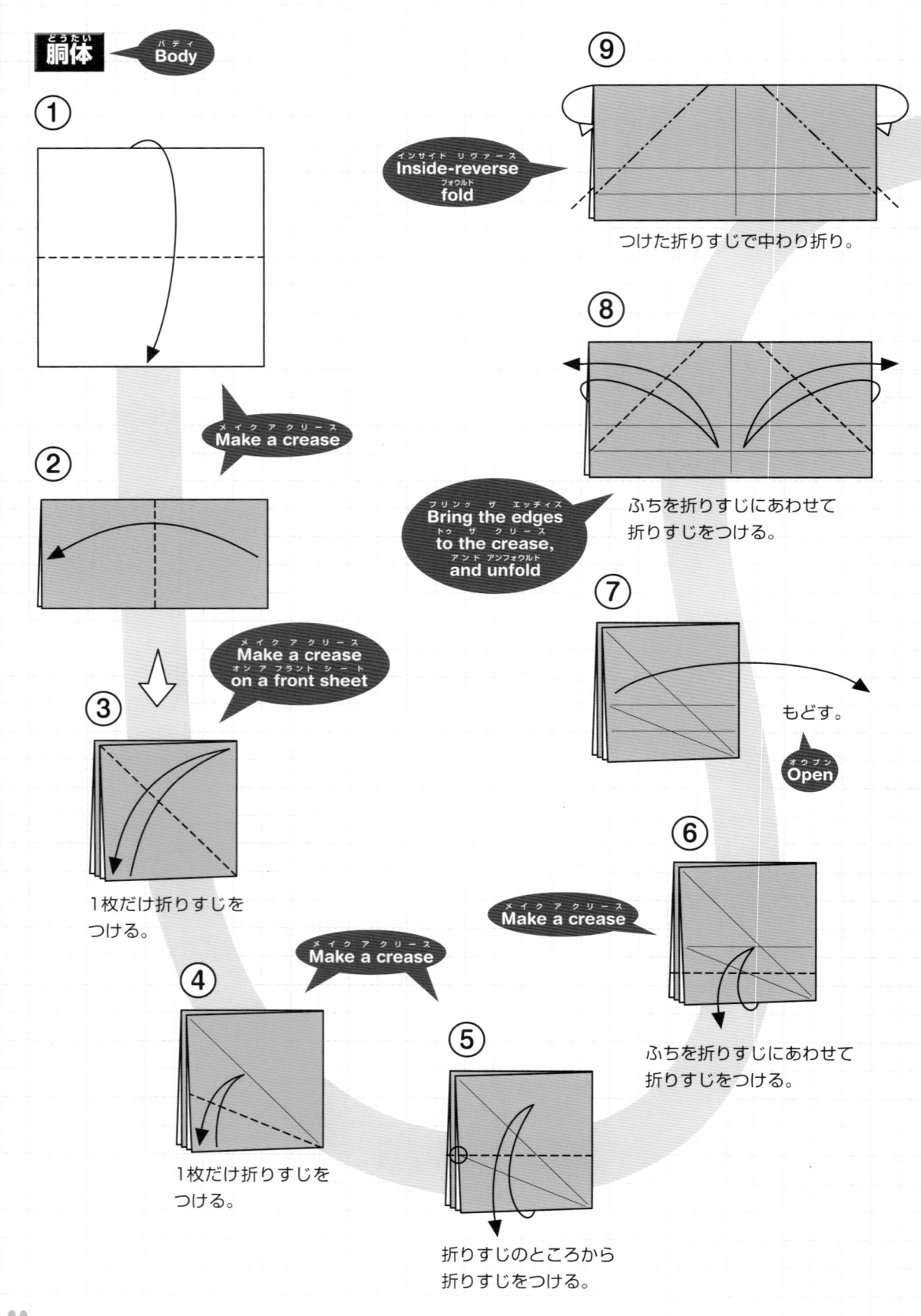

①

② Make a crease

③ 1枚だけ折りすじをつける。

④ Make a crease — 1枚だけ折りすじをつける。

⑤ 折りすじのところから折りすじをつける。

⑥ Make a crease — ふちを折りすじにあわせて折りすじをつける。

⑦ もどす。 Open

⑧ Bring the edges to the crease, and unfold — ふちを折りすじにあわせて折りすじをつける。

⑨ Inside-reverse fold — つけた折りすじで中わり折り。

サイ レベル2

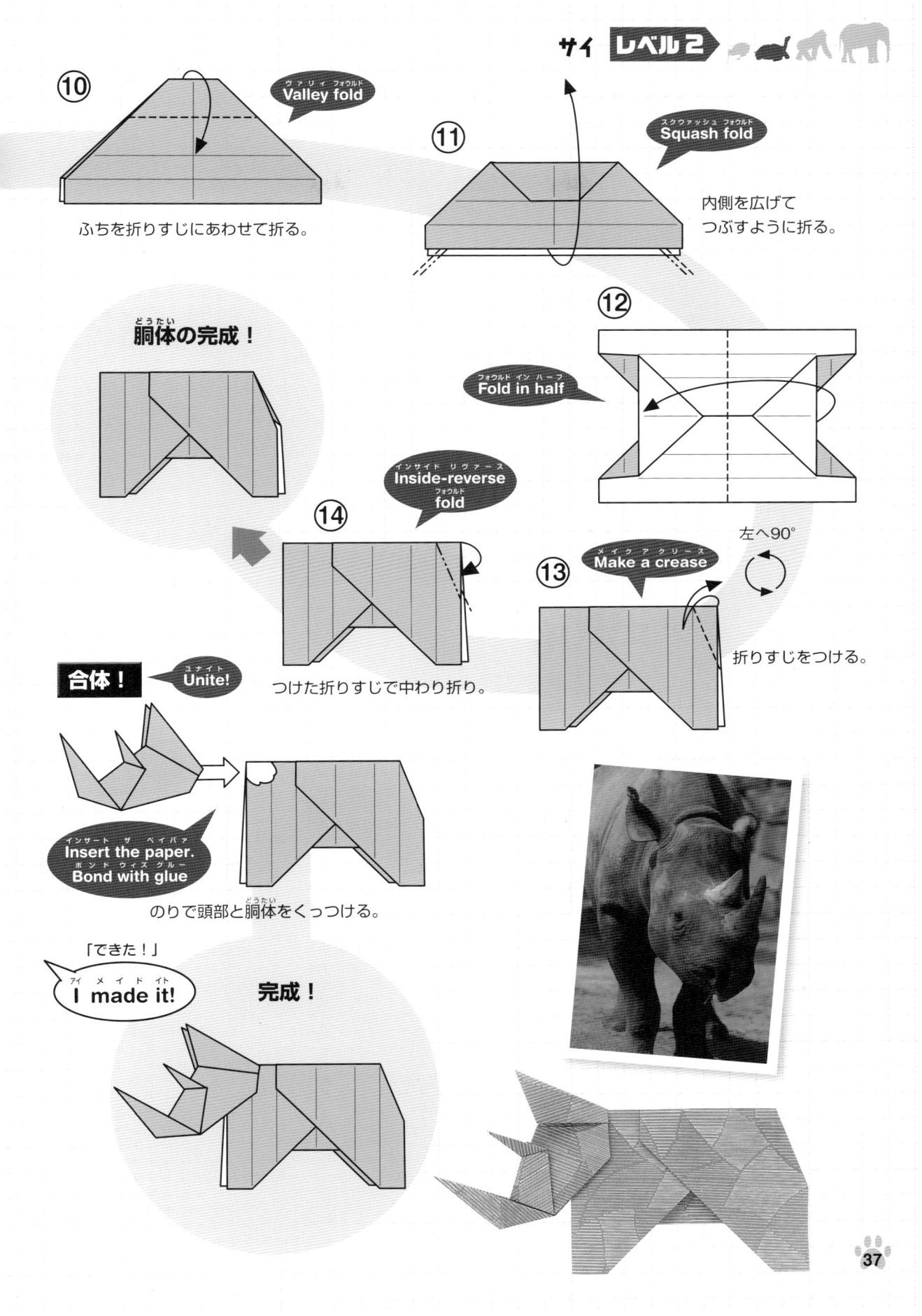

⑩ Valley fold

ふちを折りすじにあわせて折る。

⑪ Squash fold

内側を広げて
つぶすように折る。

⑫ Fold in half

左へ90°

胴体の完成！

⑬ Make a crease

折りすじをつける。

⑭ Inside-reverse fold

つけた折りすじで中わり折り。

合体！ Unite!

Insert the paper.
Bond with glue

のりで頭部と胴体をくっつける。

「できた！」
I made it!

完成！

___世界最大のリクガメ___

ゾウガメ（ガラパゴスゾウガメ） 紙2まい

GIANT TORTOISE　IUCNのランク 危急種★★★

- **分類** カメ目リクガメ科　**甲長** 130cm
- **分布地域** ガラパゴス諸島（東太平洋）　**推定生息数** 1万5000～2万頭（1996年）
- **特徴** ガラパゴス諸島の発見によって、人間によって狩られたり、人間がつれこんだ動物によって数が激減。いくつかの種はすでに絶滅した。

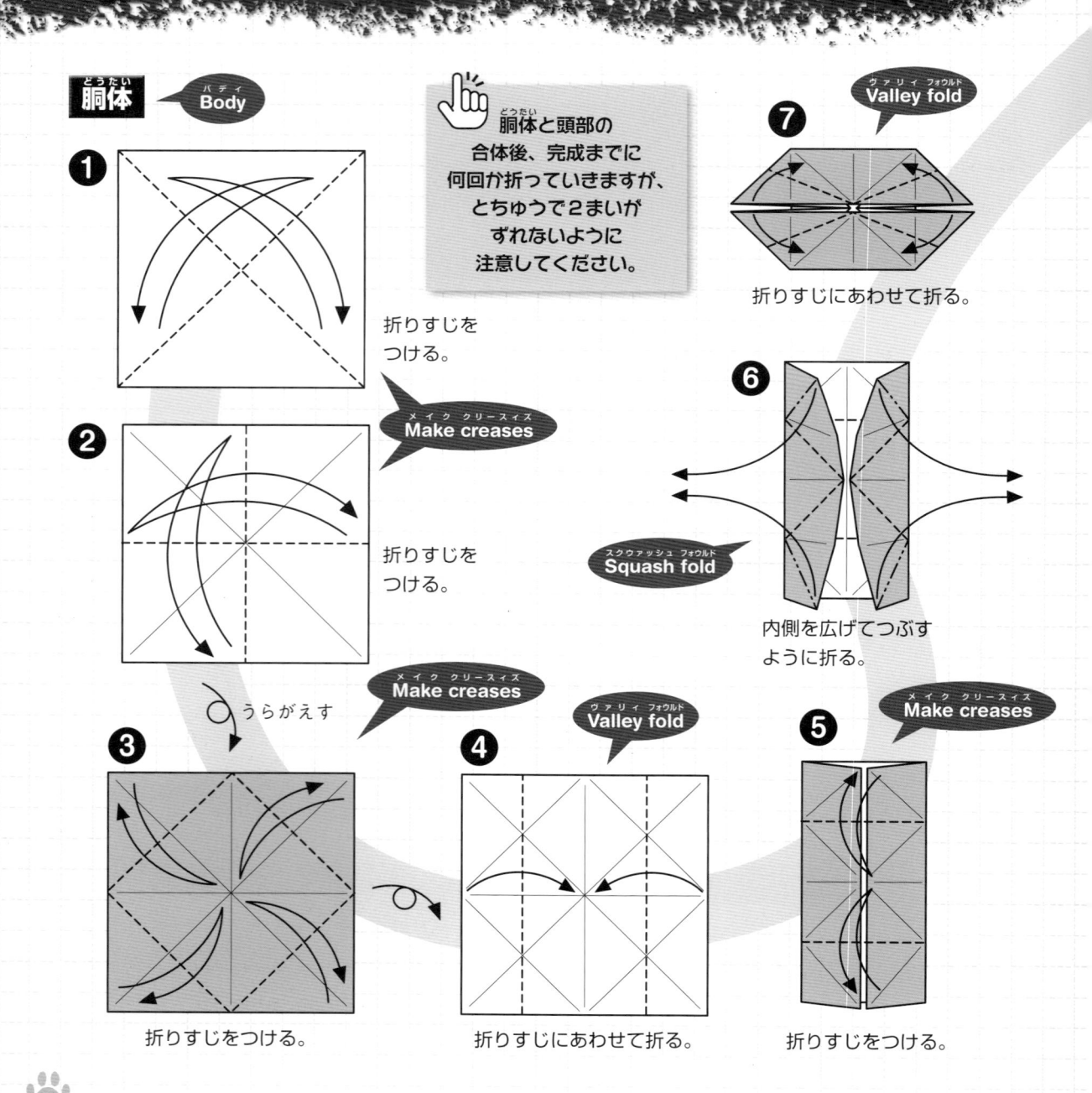

胴体 Body

胴体と頭部の合体後、完成までに何回か折っていきますが、とちゅうで2まいがずれないように注意してください。

1 折りすじをつける。 Make creases

2 折りすじをつける。 Make creases

うらがえす

3 折りすじをつける。 Make creases

4 折りすじにあわせて折る。 Valley fold

5 折りすじをつける。 Make creases

6 内側を広げてつぶすように折る。 Squash fold

7 折りすじにあわせて折る。 Valley fold

38

ゾウガメ レベル３

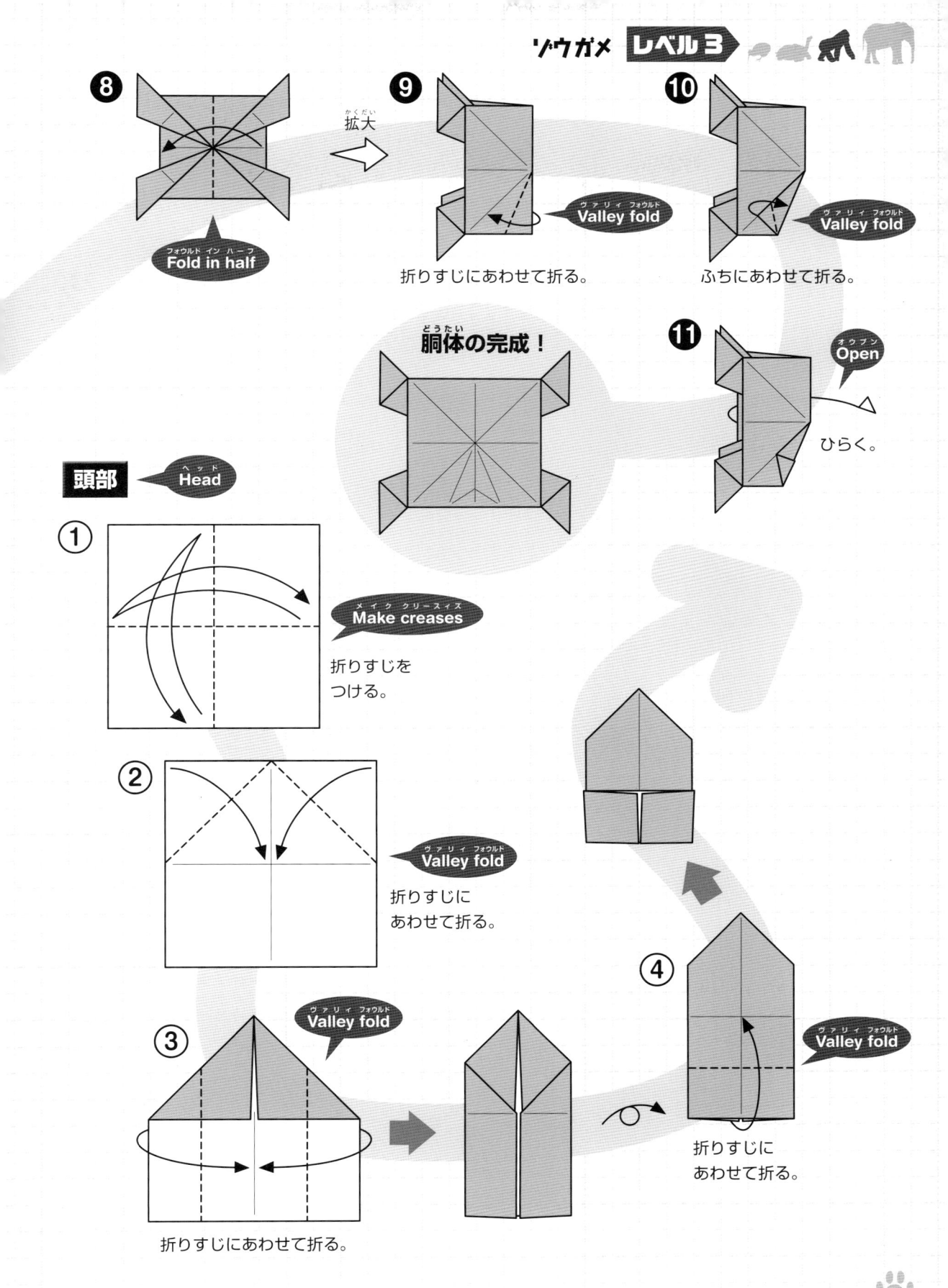

❽ **Fold in half**

❾ **Valley fold**
折りすじにあわせて折る。

❿ **Valley fold**
ふちにあわせて折る。

胴体の完成！

⓫ **Open**
ひらく。

頭部 Head

① **Make creases**
折りすじをつける。

② **Valley fold**
折りすじにあわせて折る。

③ **Valley fold**
折りすじにあわせて折る。

④ **Valley fold**
折りすじにあわせて折る。

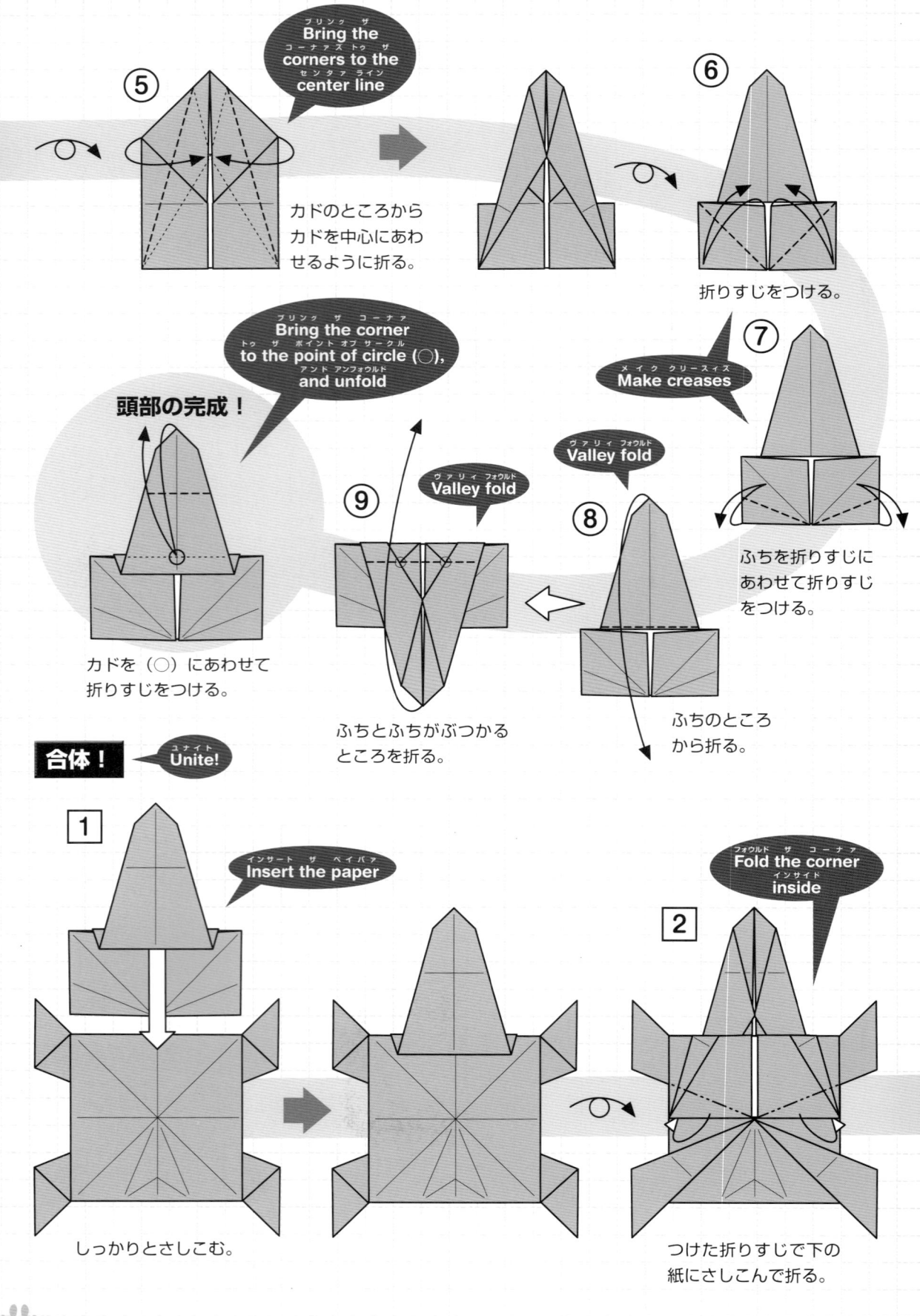

⑤
Bring the corners to the center line

カドのところからカドを中心にあわせるように折る。

⑥

折りすじをつける。

⑦
Make creases

ふちを折りすじにあわせて折りすじをつける。

⑧
Valley fold

ふちのところから折る。

⑨
Valley fold

Bring the corner to the point of circle (○), and unfold

ふちとふちがぶつかるところを折る。

頭部の完成！

カドを（○）にあわせて折りすじをつける。

合体！ Unite!

1
Insert the paper

しっかりとさしこむ。

2
Fold the corner inside

つけた折りすじで下の紙にさしこんで折る。

ゾウガメ レベル3

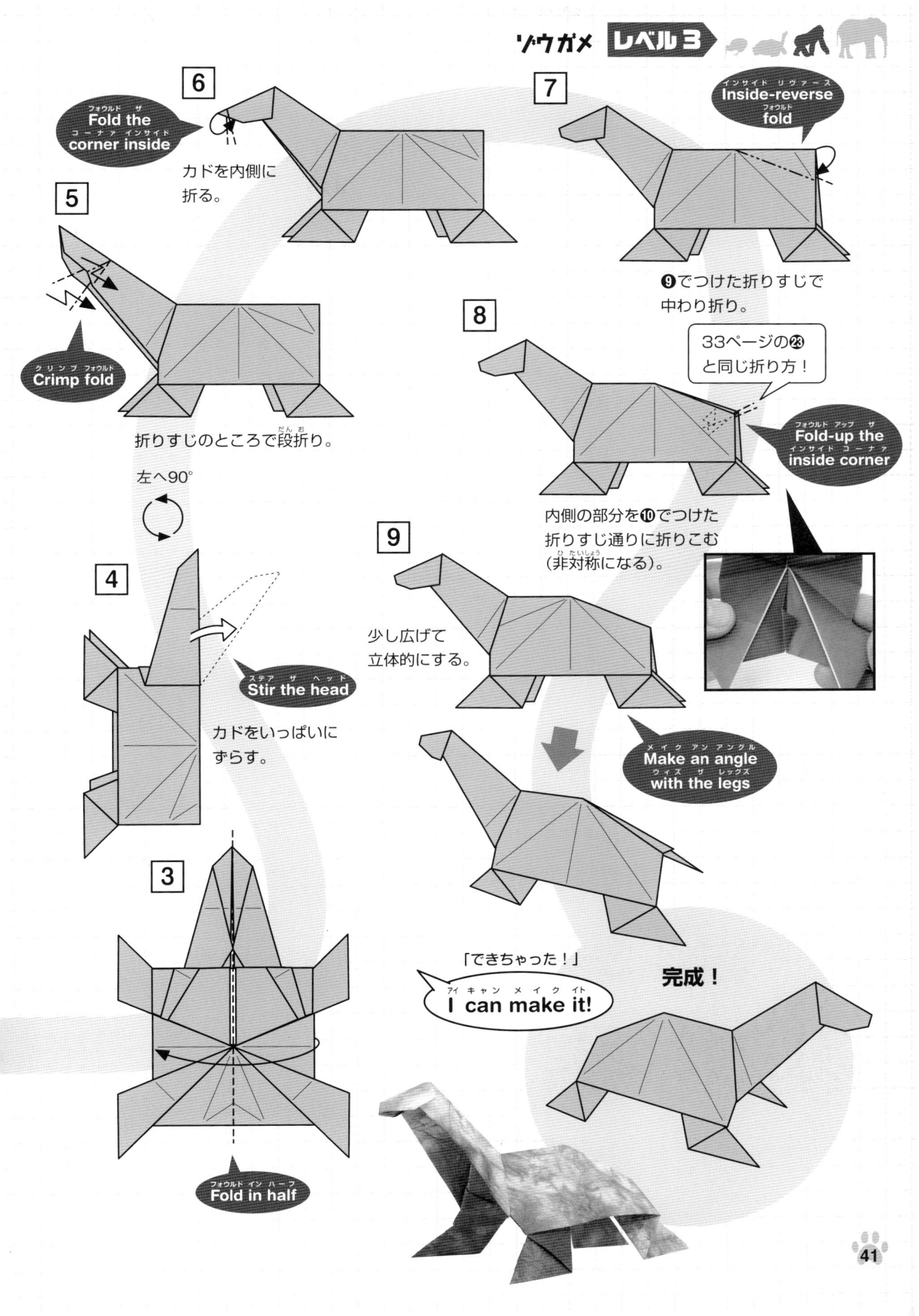

6
Fold the corner inside

カドを内側に折る。

5
Crimp fold

折りすじのところで段折り。

左へ90°

4
Stir the head

カドをいっぱいにずらす。

3
Fold in half

7
Inside-reverse fold

❾でつけた折りすじで中わり折り。

8
33ページの㉓と同じ折り方！

Fold-up the inside corner

内側の部分を❿でつけた折りすじ通りに折りこむ（非対称になる）。

9
少し広げて立体的にする。

Make an angle with the legs

「できちゃった！」
I can make it!

完成！

動物コラム

保護活動と、わたしたちにできること

現在、絶滅が心配される動物を保護するためにさまざまなとりくみがおこなわれています。実際に、保護活動によって生息数が回復している例もあります。

■ワシントン条約

現在、食用にしたり、きばや角、毛皮、骨などを商品にしたり、ペットにしたりするなど、多くの野生動物が取引されています。必要以上に捕獲され、絶滅の危機においやられた動物もたくさんいます。

こうした取引を制限することによって、貴重な野生動物を保護しようとつくられた国際的なとりきめが、ワシントン条約（正式には「絶滅のおそれのある野生動植物の種の国際取引における条約」）です。1973年にできて以来、176か国がこの条約に締約しています（2012年12月時点。日本は1980年に締約）。

しかし、違反に対する罰則はなく、取引の具体的な制限は各国の努力にまかされています。ワシントン条約があっても、きちんとまもられなければ意味がありません。実際に、条約ができたあとも、世界各地で密猟や密売がつづいています。

■野生生物の保護活動

野生動物を保護するために、具体的なとりくみが世界各地でおこなわれています。つぎのように、実際に生息数が回復した例も多数あります。

マウンテンゴリラ（51ページ）

戦争や資源開発などによって生息地が破壊されたり、狩猟などが原因で絶滅の危機にある。現在、多くの自然保護団体が保護活動をおこなっていて、2010年には781頭、2012年には880頭確認され、わずかながらも生息数がふえていることがわかっている。

トキ

20世紀はじめごろまで、日本や中国、ロシアなど、広い範囲に生息していた。しかし、えさとなるタニシなどがいるきれいな水田が少なくなったことなどが原因で急速に数がへってしまい、日本では2003年に絶滅。一方、中国ではいったんは絶滅したと考えられたほど激減したが、保護活動の結果、2010年には1800羽にまで回復。現在、日本では「佐渡トキ保護センター」などの施設で、中国からおくられたトキによる繁殖、保護活動がおこなわれている。

■絶滅の危機にある動物について学ぶ

　マウンテンゴリラやトキの例のような保護活動は、個人ではなかなか参加できないと思うかもしれません。しかし、わたしたちひとりひとりにも、野生動物の保護のためにできることがあります。

　まず大切なことは、絶滅が心配されている動物が、どんな環境でくらしているのかを知ることです。じつは、環境の破壊と野生動物の減少は、わたしたちのくらしと密接にかかわっています。身のまわりにあるものが、じつは野生動物のくらす環境を破壊してつくられたものであることが少なくありません。

　たとえば、マウンテンゴリラのすむ地域では、携帯電話やパソコンなどにつかわれる「レアメタル」という天然資源をとるために、森林が切りひらかれ、すみかをうばう結果となっています。また、ロシアでは、木材を切りだしたり、工場開発などによってアムールトラがすむ森林がへりつつあります。わたしたちはふだん大量の紙をつかっていますが、動物がすむ森を破壊してつくられた可能性があるのです。

■小学校でも保護活動

　新潟県佐渡島の行谷小学校では、トキの保護のために、トキについての総合学習をおこなっています。トキがくらすために必要な環境について学び、佐渡トキ保護センターから放鳥されたトキがふたたび野生にもどってくらせるよう、水田づくりなどの活動をおこなっています。

　また、農薬や生活排水による水質汚染が原因で数がへり、環境省の絶滅危惧種（1999年）に登録されたメダカ（クロメダカ）の保護活動をおこなっている小学校もあります。

トキが放鳥される予定場所の近くで、えさがどれくらいあるのかをしらべる活動のようす（行谷小学校）。

43

ブラジルW杯のマスコットキャラクター

アルマジロ（ミツオビアルマジロ）

つかう紙 2まい

ARMADILLO　IUCNのランク　危急種★★★

分類 アリクイ目・アルマジロ科　体長 35〜45cm
分布地域 ブラジル東部　推定生息数 不明
特徴 背中側は甲らにおおわれていて、体を丸めて身をまもる。森林や草原などにくらしているが、森林の伐採により急激に数がへっている。また、身をまもろうと丸くなった結果、道路で車にひかれる事故もふえている。

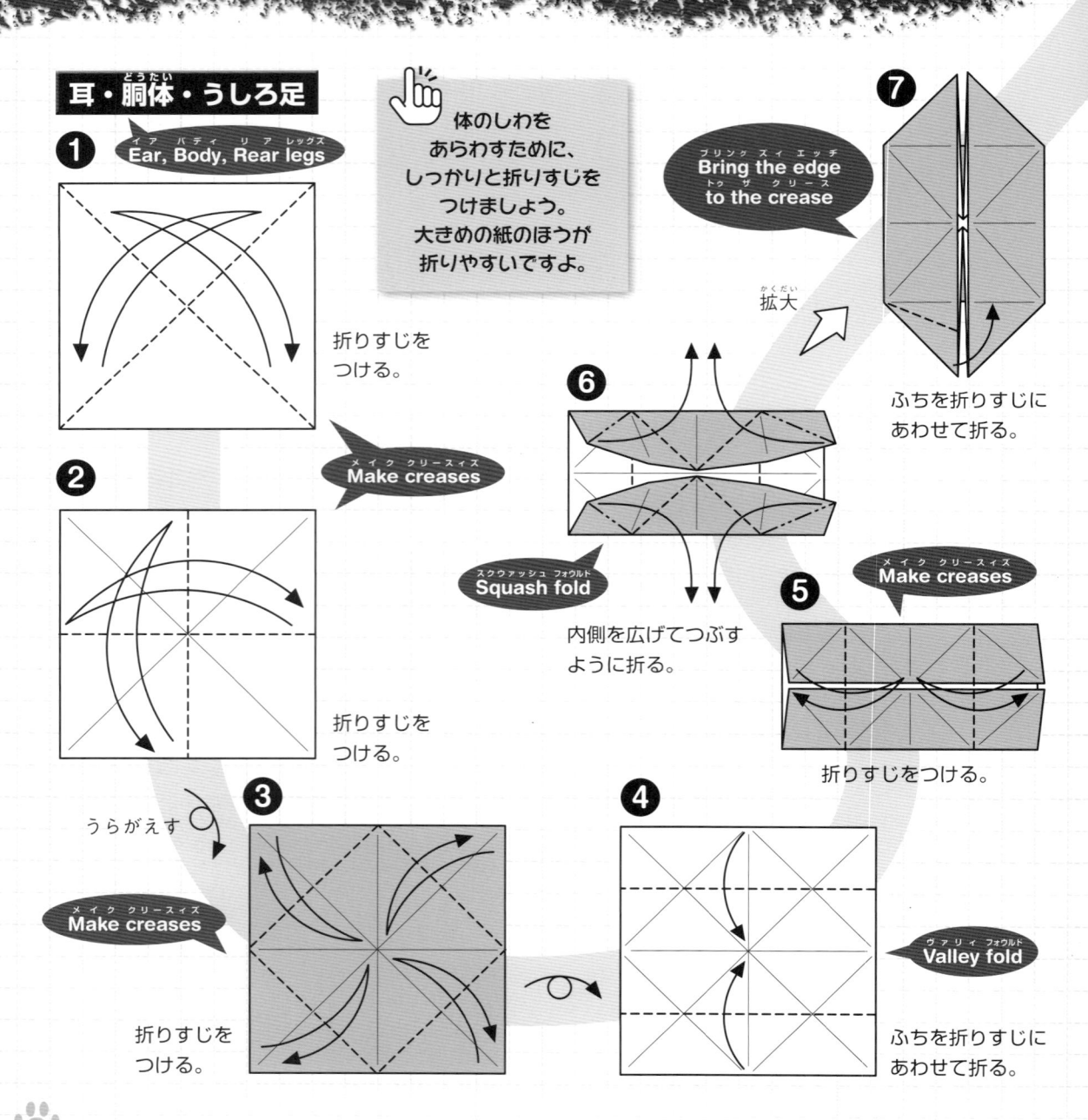

耳・胴体・うしろ足

体のしわをあらわすために、しっかりと折りすじをつけましょう。大きめの紙のほうが折りやすいですよ。

① Ear, Body, Rear legs
折りすじをつける。

② 折りすじをつける。

③ うらがえす　Make creases
折りすじをつける。

④ Valley fold
ふちを折りすじにあわせて折る。

⑤ Make creases
折りすじをつける。

⑥ Squash fold
内側を広げてつぶすように折る。

⑦ Bring the edge to the crease
拡大
ふちを折りすじにあわせて折る。

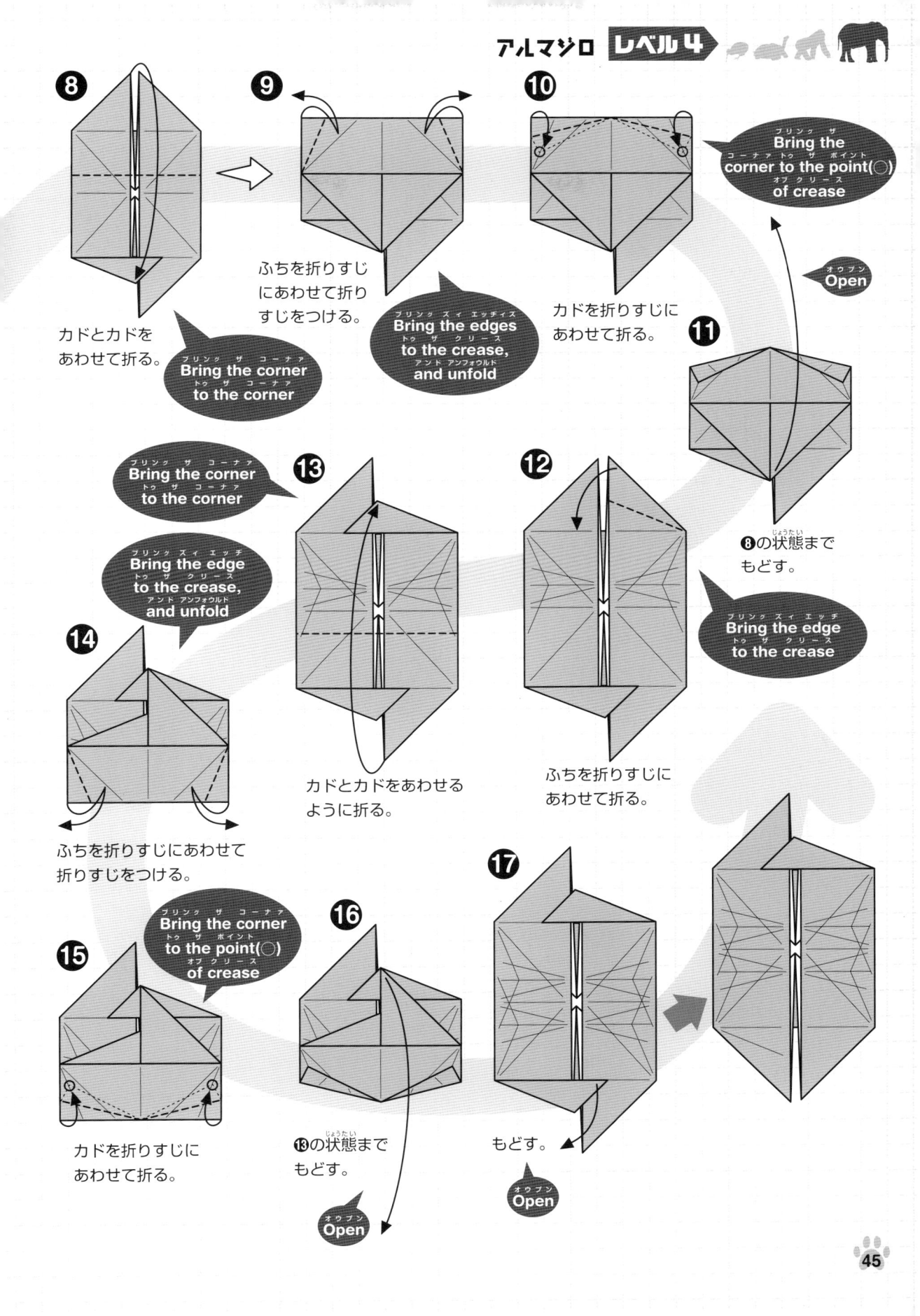

アルマジロ レベル4

8 カドとカドをあわせて折る。

9 ふちを折りすじにあわせて折りすじをつける。
Bring the corner to the corner
Bring the edges to the crease, and unfold

10 カドを折りすじにあわせて折る。
Bring the corner to the point(○) of crease

11 Open

12 ふちを折りすじにあわせて折る。
Bring the edge to the crease

13 カドとカドをあわせるように折る。
Bring the corner to the corner
Bring the edge to the crease, and unfold

14 ふちを折りすじにあわせて折りすじをつける。

15 カドを折りすじにあわせて折る。
Bring the corner to the point(○) of crease

16 ⑬の状態までもどす。
Open

17 もどす。
Open

45

⑱ Valley fold

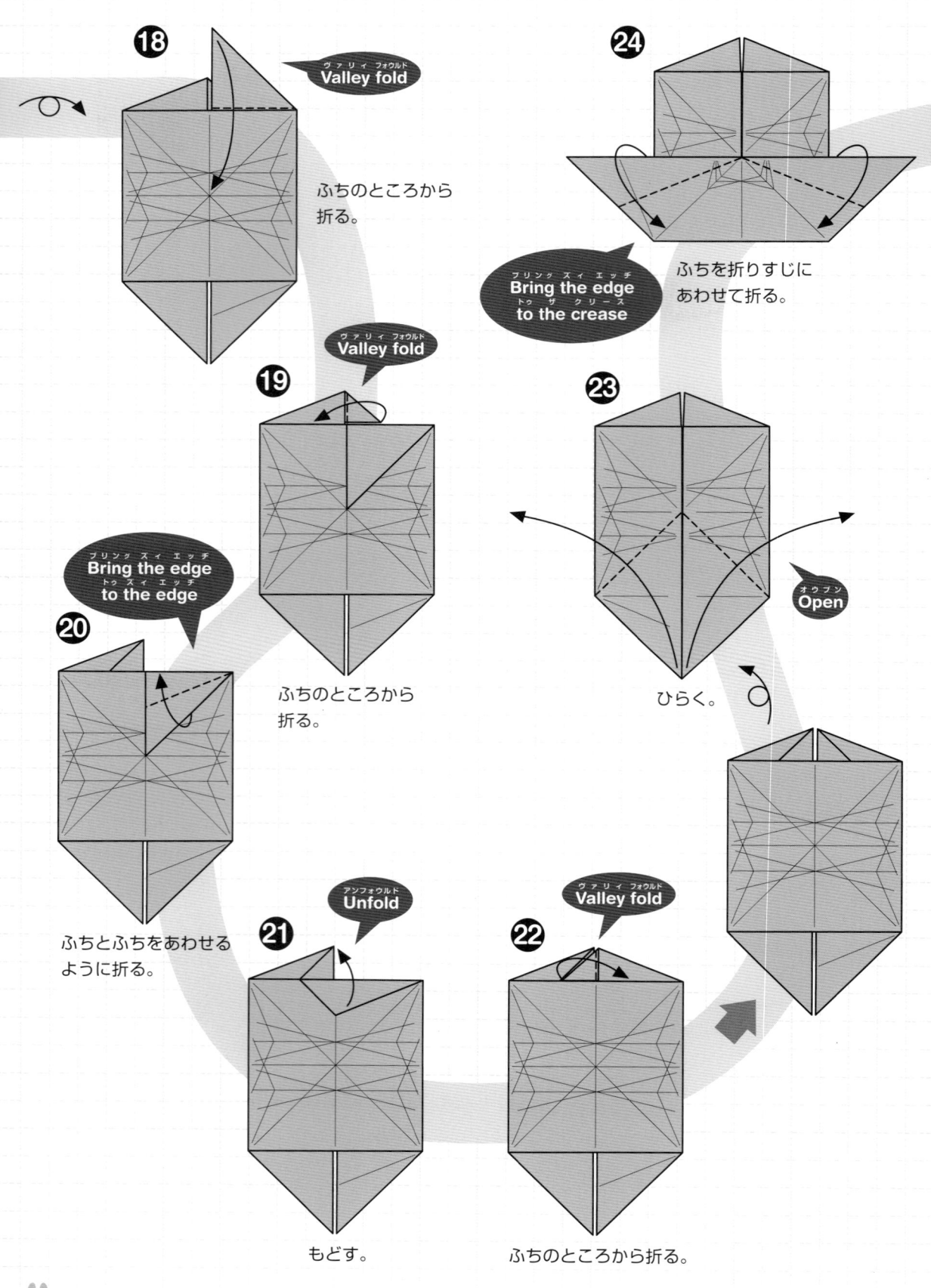

ふちのところから折る。

⑲ Valley fold

Bring the edge to the edge

⑳ ふちとふちをあわせるように折る。

㉑ Unfold

もどす。

㉒ Valley fold

ふちのところから折る。

㉓ Open

ひらく。

㉔ Bring the edge to the crease

ふちを折りすじにあわせて折る。

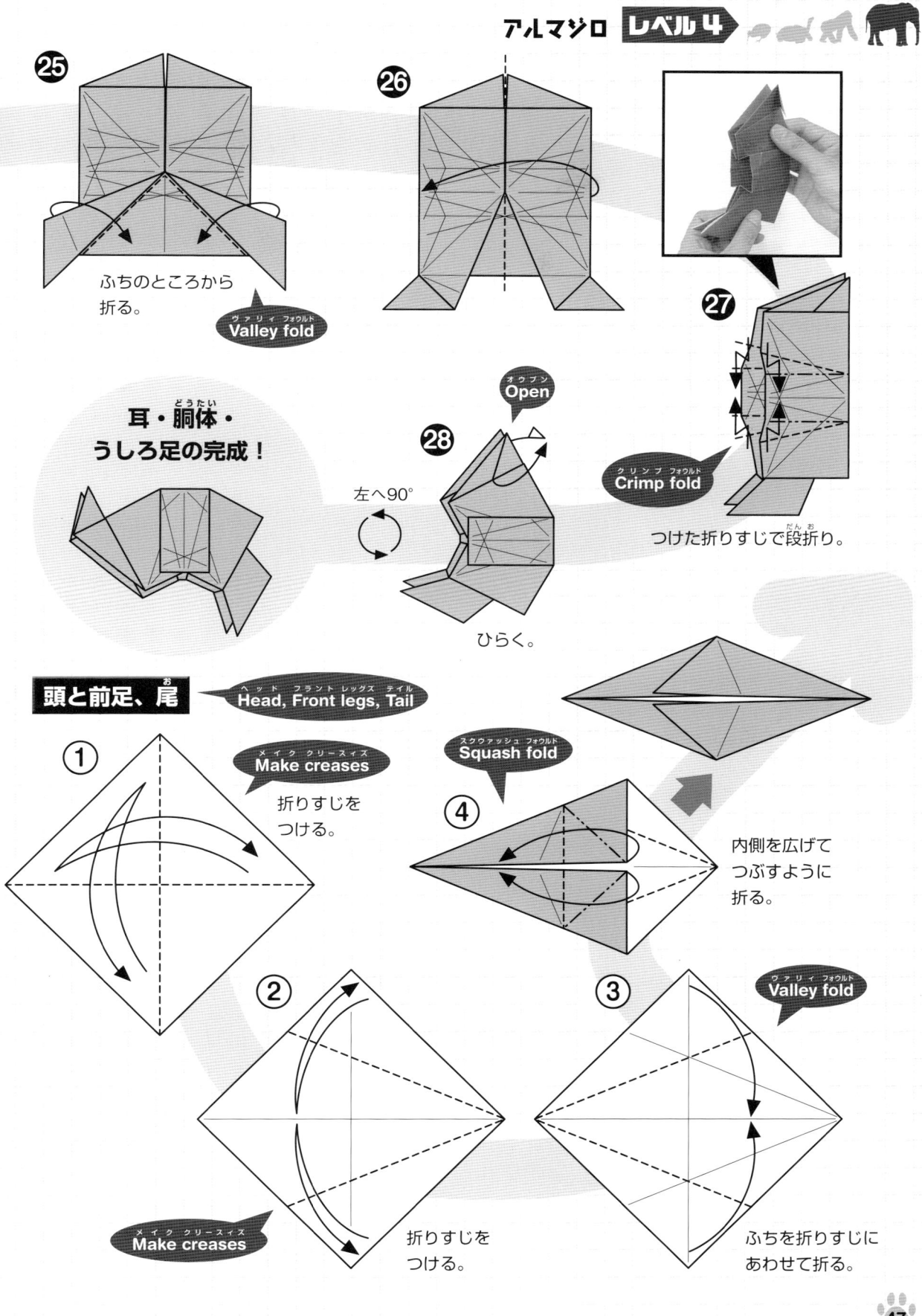

アルマジロ レベル4

㉕ ふちのところから折る。
Valley fold

㉖

㉗ つけた折りすじで段折り。
Crimp fold

耳・胴体・うしろ足の完成！

㉘ 左へ90°
Open
ひらく。

頭と前足、尾 Head, Front legs, Tail

① 折りすじをつける。
Make creases

② 折りすじをつける。
Make creases

③ ふちを折りすじにあわせて折る。
Valley fold

④ 内側を広げてつぶすように折る。
Squash fold

47

⑤ うらがえす

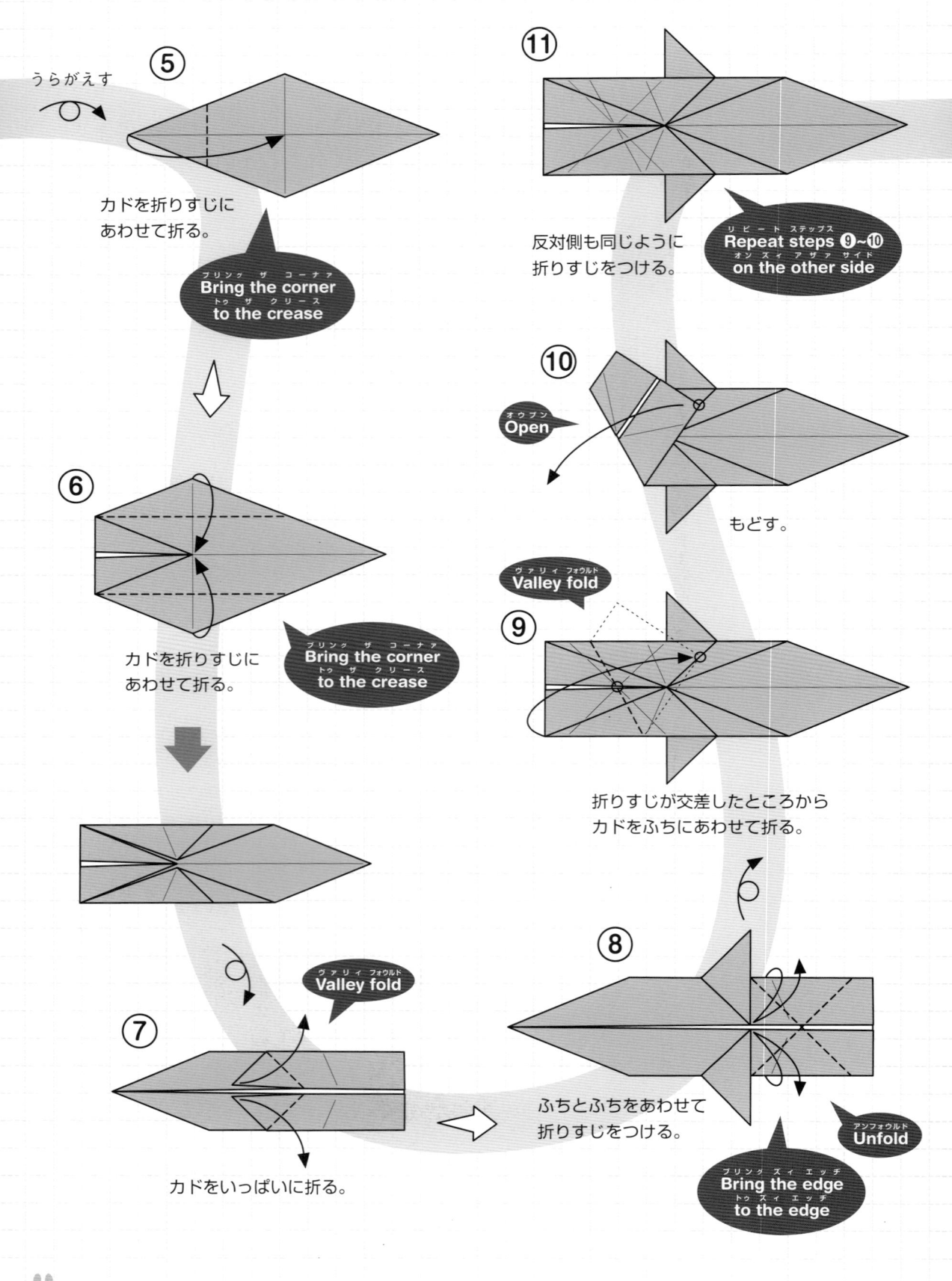

カドを折りすじに
あわせて折る。

Bring the corner to the crease

⑥ カドを折りすじに
あわせて折る。

Bring the corner to the crease

⑦ カドをいっぱいに折る。

Valley fold

⑧ ふちとふちをあわせて
折りすじをつける。

Bring the edge to the edge

Unfold

⑨ 折りすじが交差したところから
カドをふちにあわせて折る。

Valley fold

⑩ もどす。

Open

⑪ 反対側も同じように
折りすじをつける。

Repeat steps ⑨〜⑩ on the other side

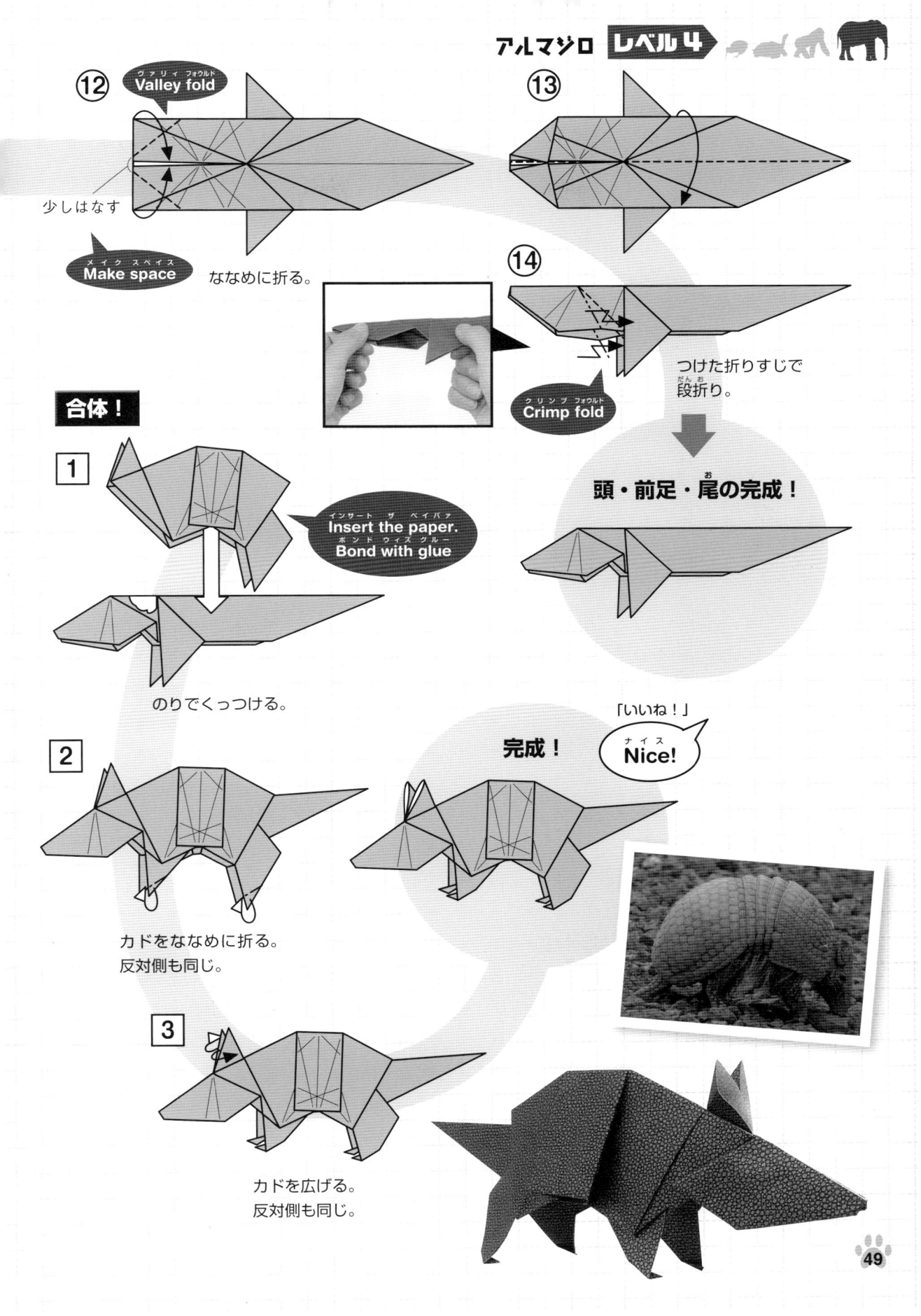

アルマジロ レベル4

⑫ Valley fold
少しはなす
Make space
ななめに折る。

⑬

⑭ Crimp fold
つけた折りすじで段折り。

頭・前足・尾の完成！

合体！

1 Insert the paper. Bond with glue
のりでくっつける。

2
カドをななめに折る。
反対側も同じ。

3
カドを広げる。
反対側も同じ。

完成！
「いいね！」
Nice!

49

折り紙コラム

環境ジオラマをつくろう！

たんに折り紙で動物をつくるだけでなく、その動物がくらす環境や食べ物などを調べて、折り紙をかざるジオラマをつくってみましょう。

実際にジオラマをつくる前に、まずそれぞれの動物がどのような環境でくらしているのか調べます。その上で、どうやってジオラマで再現するか、工夫してみましょう。

環境を調べる

ゾウ（アジアゾウ）	ホッキョクグマ
森林や草原でくらす。ひふの乾燥をふせぎ、はだについた虫などを落とすために、ときどき水場で水あびをする習性がある。	海の上にあつくはった氷の上で生活する。夏、氷がとけはじめるとおよいで陸地まで移動する。

くらしを調べる

植物の葉や根、木の皮、くだものなどをたくさん食べる。群れは、10頭ほどで、小さな子どももいっしょにくらす。	主食はアザラシで、呼吸のために水面から顔を出すのをまちぶせしてとらえる。およぎも得意で、海にもぐってアザラシや魚をつかまえることもある。メスは、出産のために雪をほって巣穴をつくり、3か月ほどこもったまま子育てをする。

調べたことを再現する

緑色の紙をしいて、草原をあらわす。水色の紙で水場もつくる。人工芝の上にならべると、森林のようすをあらわすことができる。小さい紙で子ゾウをつくり、群れをつくる。	水色の紙をしいて水面をあらわす。発泡スチロールを使って氷の山をつくる。山をつくるには、スチロールカッターや、カッターナイフ*などで切りだすか、手でくずす。水面にはアザラシの影をえがきいれる。

*カッターなどの道具を使う場合は、じゅうぶん注意してください。

人工芝は100円ショップなどで手に入りますよ。

このほか、動物がいきいきしてみえる環境を想像して、工夫してください。たとえば、実際の草原は一色ではなく、こい緑色や黄色などさまざまな色がまざっています。色画用紙などをつかうのではなく、新聞の折りこみチラシやつかいおわった包装紙（63ページ参照）などを利用してみましょう。

――四足歩行の「森の民」

ゴリラ（マウンテンゴリラ）

GORILLA　　IUCNのランク　絶滅危惧種★★★★

レベル4

つかう紙　正方形の紙（25cm以上のうすいチラシなど）　**2**まい

分類　サル目ヒト科　　身長　170cm
分布地域　アフリカ中東部（ルワンダ北端～コンゴ、ウガンダ）　推定生息数　880頭（2012年）
特徴　おだやかな性格で、ストレスに弱く、病気になりやすい。内戦による森林破壊で生息地がへり、絶滅の危機においやられた。

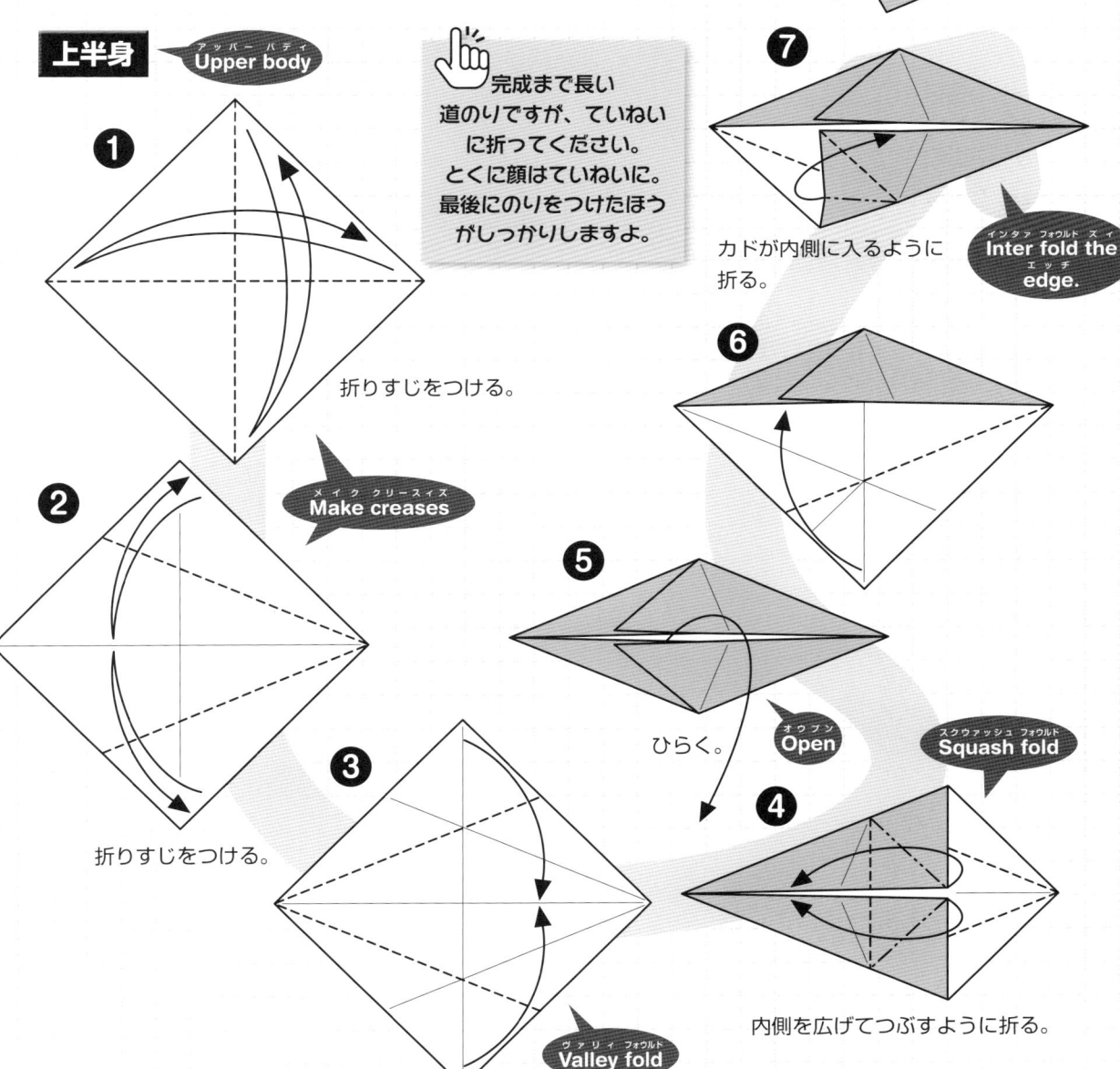

上半身　　Upper body

完成まで長い道のりですが、ていねいに折ってください。とくに顔はていねいに。最後にのりをつけたほうがしっかりしますよ。

❶ 折りすじをつける。

❷ Make creases

❸ 折りすじをつける。　Valley fold

❹ 内側を広げてつぶすように折る。　Squash fold

❺ ひらく。　Open

❻

❼ カドが内側に入るように折る。　Inter fold the edge.

51

8

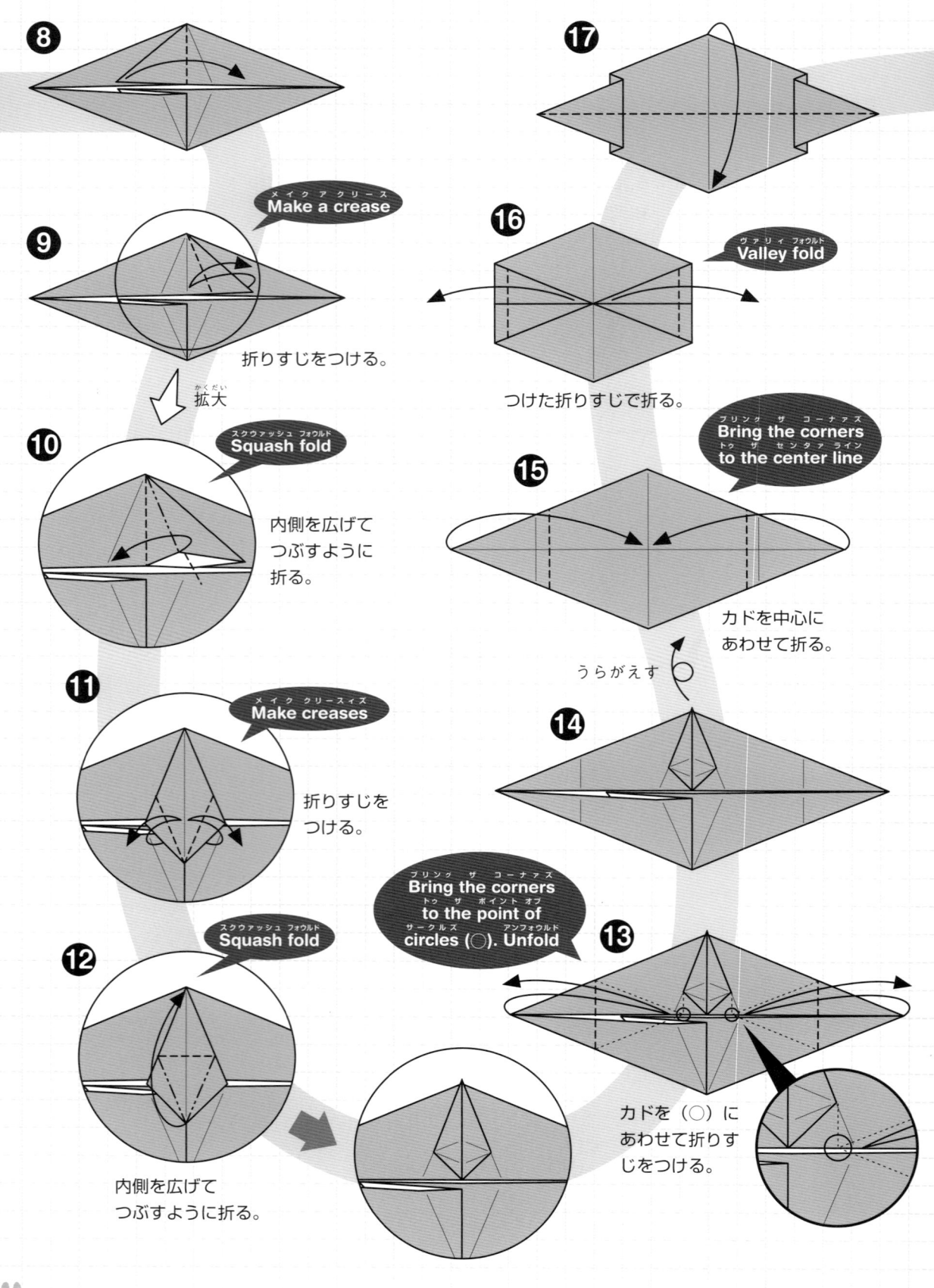

9
Make a crease
折りすじをつける。
拡大

10
Squash fold
内側を広げて
つぶすように
折る。

11
Make creases
折りすじを
つける。

12
Squash fold
内側を広げて
つぶすように折る。

13
Bring the corners to the point of circles (○). Unfold
カドを（○）に
あわせて折りす
じをつける。

14
うらがえす

15
Bring the corners to the center line
カドを中心に
あわせて折る。

16
Valley fold
つけた折りすじで折る。

17

ゴリラ レベル4

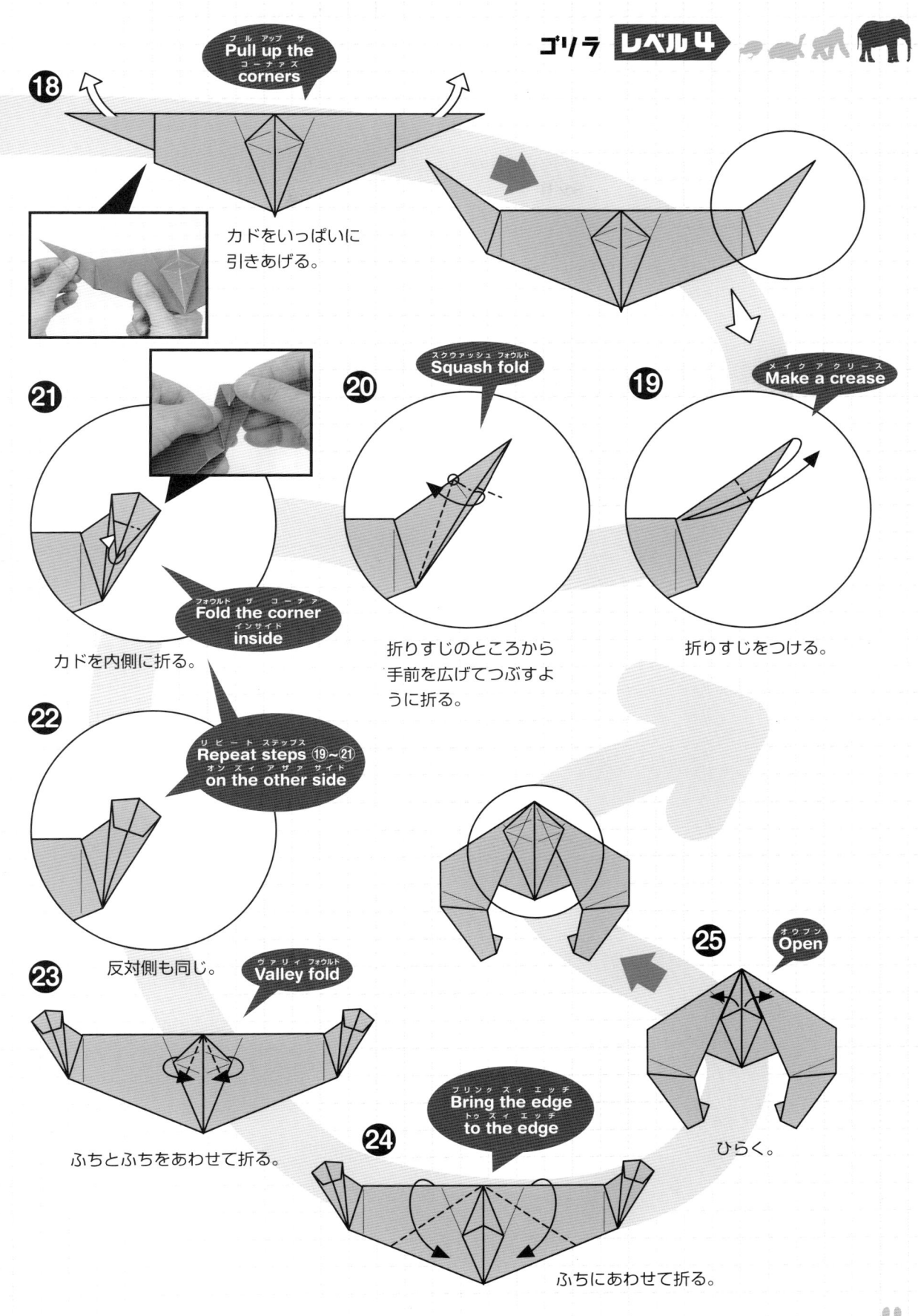

⑱ Pull up the corners

カドをいっぱいに引きあげる。

⑲ Make a crease

折りすじをつける。

⑳ Squash fold

折りすじのところから手前を広げてつぶすように折る。

㉑ Fold the corner inside

カドを内側に折る。

㉒ Repeat steps ⑲〜㉑ on the other side

反対側も同じ。

㉓ Valley fold

ふちとふちをあわせて折る。

㉔ Bring the edge to the edge

ふちにあわせて折る。

㉕ Open

ひらく。

53

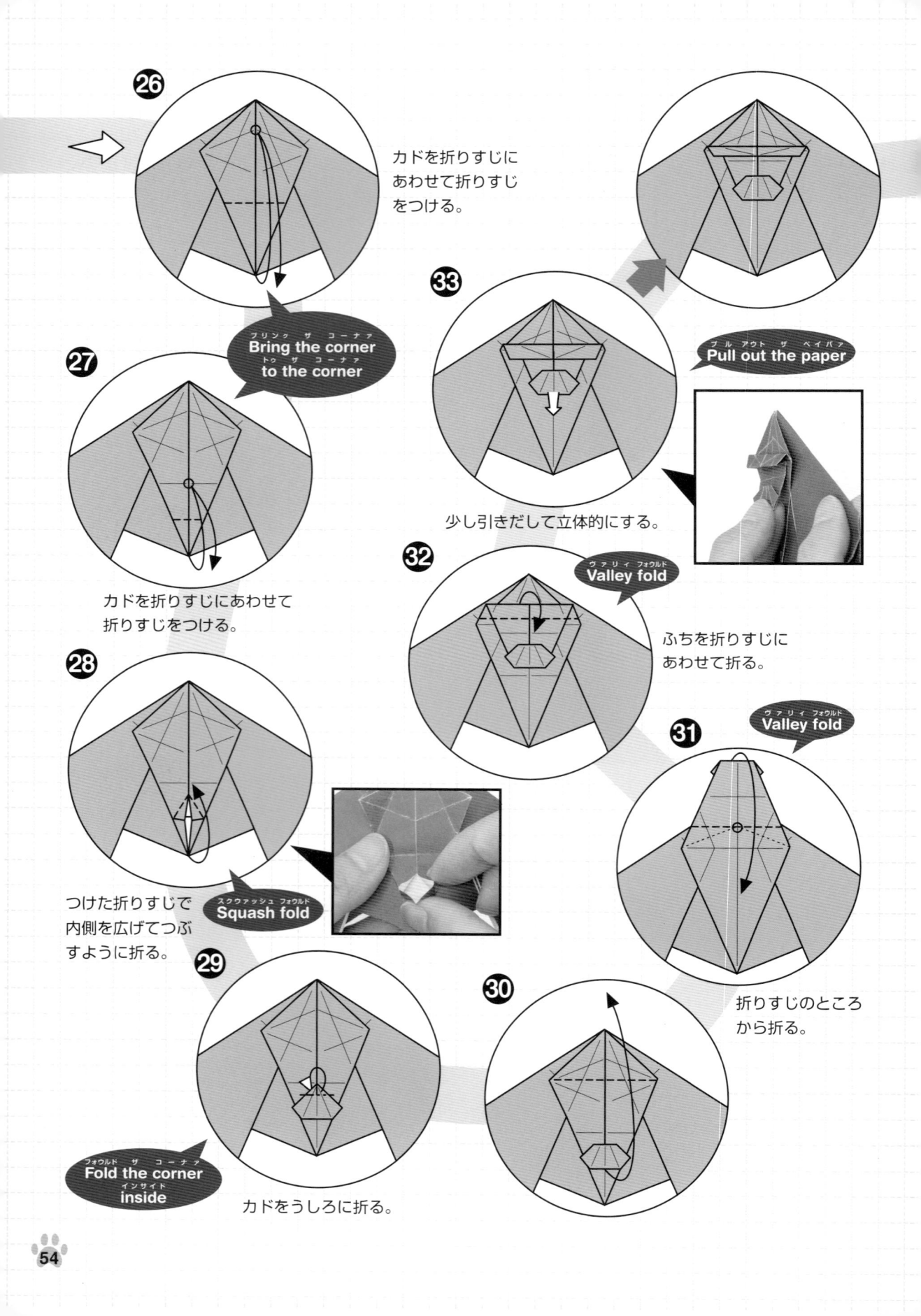

㉖ カドを折りすじに
あわせて折りすじ
をつける。

Bring the corner to the corner

㉗ カドを折りすじにあわせて
折りすじをつける。

㉘ つけた折りすじで
内側を広げてつぶ
すように折る。

Squash fold

㉙ カドをうしろに折る。

Fold the corner inside

㉚

㉛ 折りすじのところ
から折る。

Valley fold

㉜ ふちを折りすじに
あわせて折る。

Valley fold

㉝ 少し引きだして立体的にする。

Pull out the paper

ゴリラ レベル4

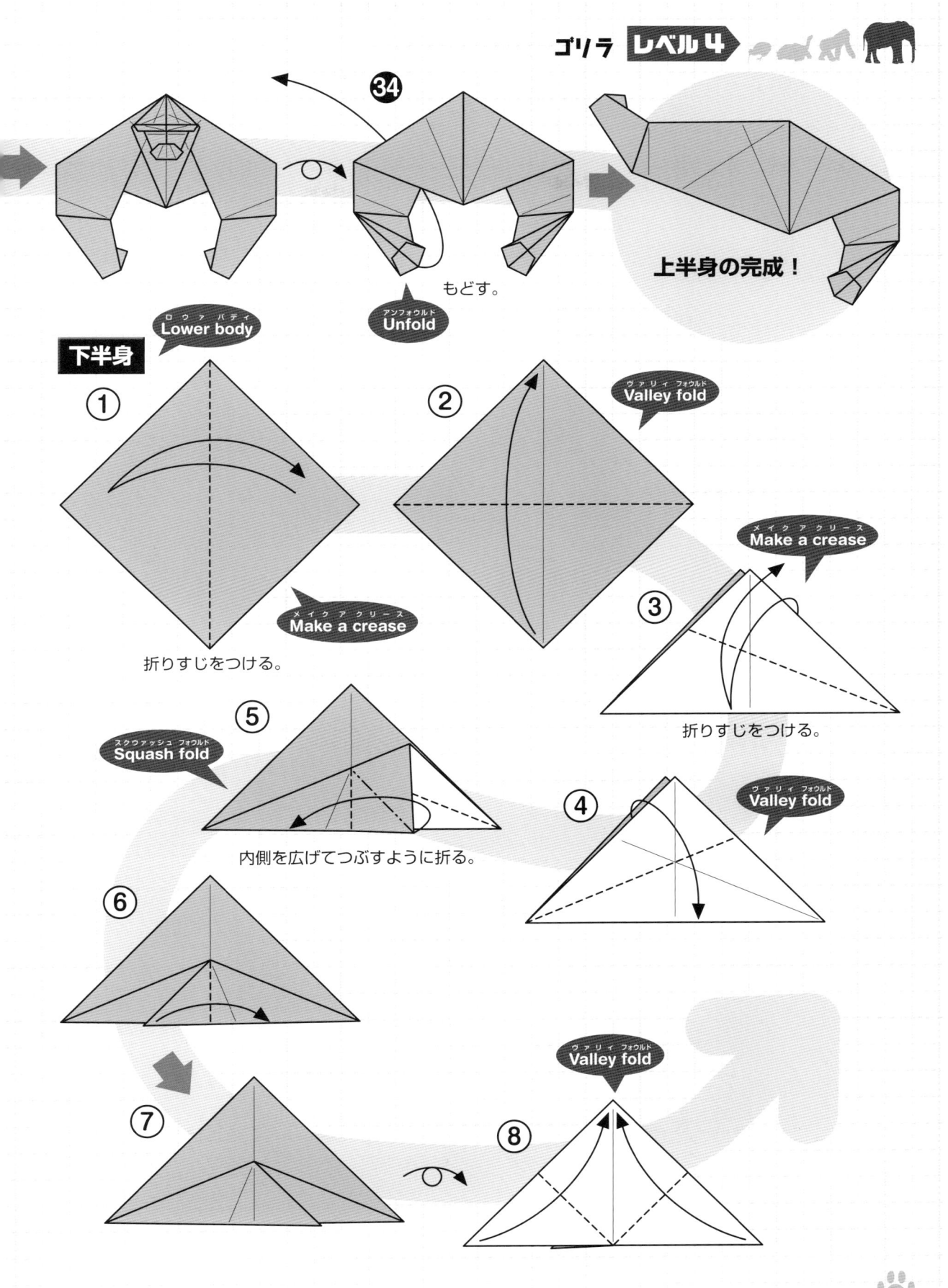

34

もどす。

Unfold

上半身の完成！

Lower body

下半身

① Make a crease

折りすじをつける。

② Valley fold

③ Make a crease

折りすじをつける。

④ Valley fold

⑤ Squash fold

内側を広げてつぶすように折る。

⑥

⑦

⑧ Valley fold

55

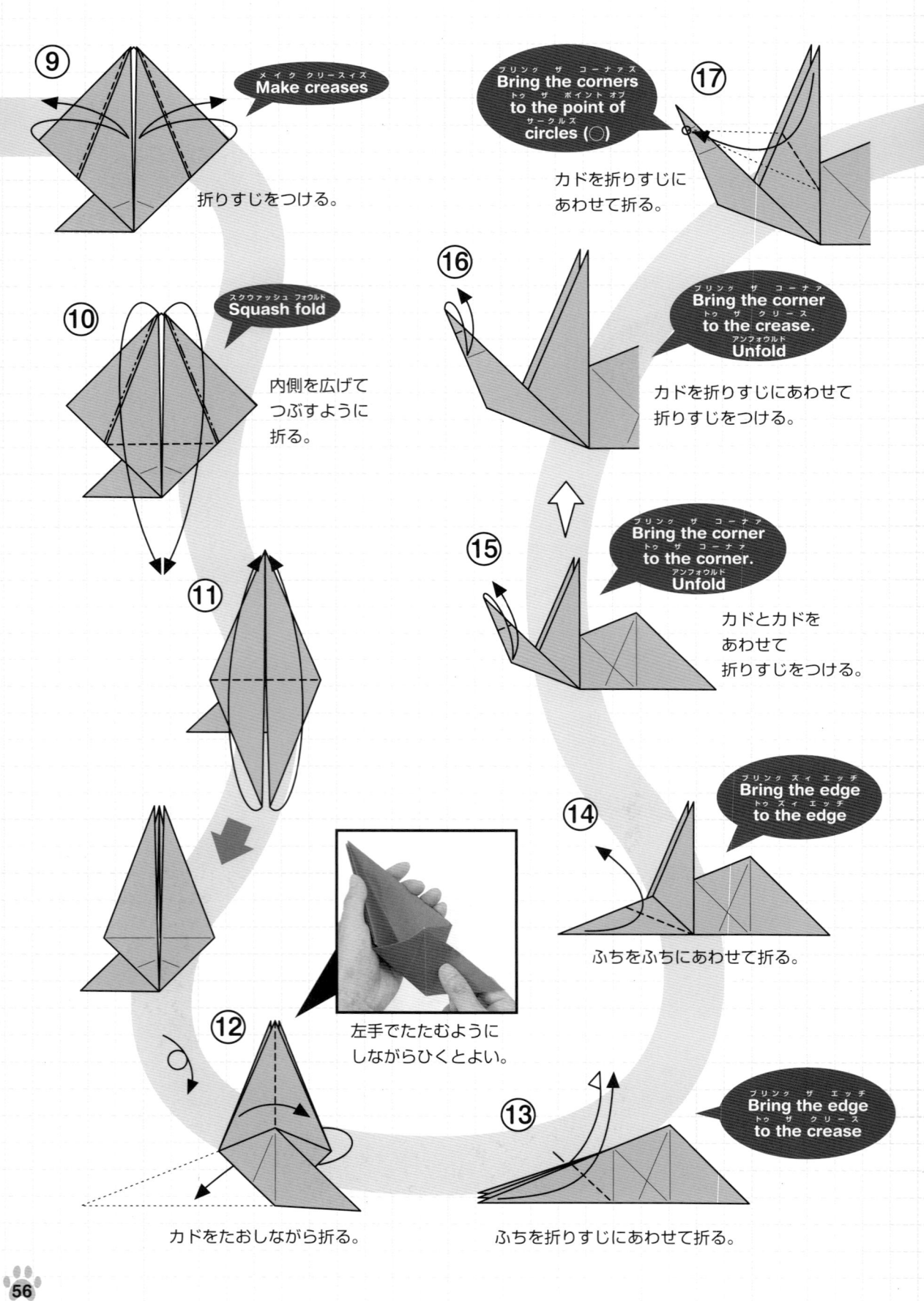

⑨ Make creases
折りすじをつける。

⑩ Squash fold
内側を広げてつぶすように折る。

⑪

⑫
左手でたたむようにしながらひくとよい。

カドをたおしながら折る。

⑬ Bring the edge to the crease
ふちを折りすじにあわせて折る。

⑭ Bring the edge to the edge
ふちをふちにあわせて折る。

⑮ Bring the corner to the corner. Unfold
カドとカドをあわせて折りすじをつける。

⑯ Bring the corner to the crease. Unfold
カドを折りすじにあわせて折りすじをつける。

⑰ Bring the corners to the point of circles (○)
カドを折りすじにあわせて折る。

56

ゴリラ レベル4

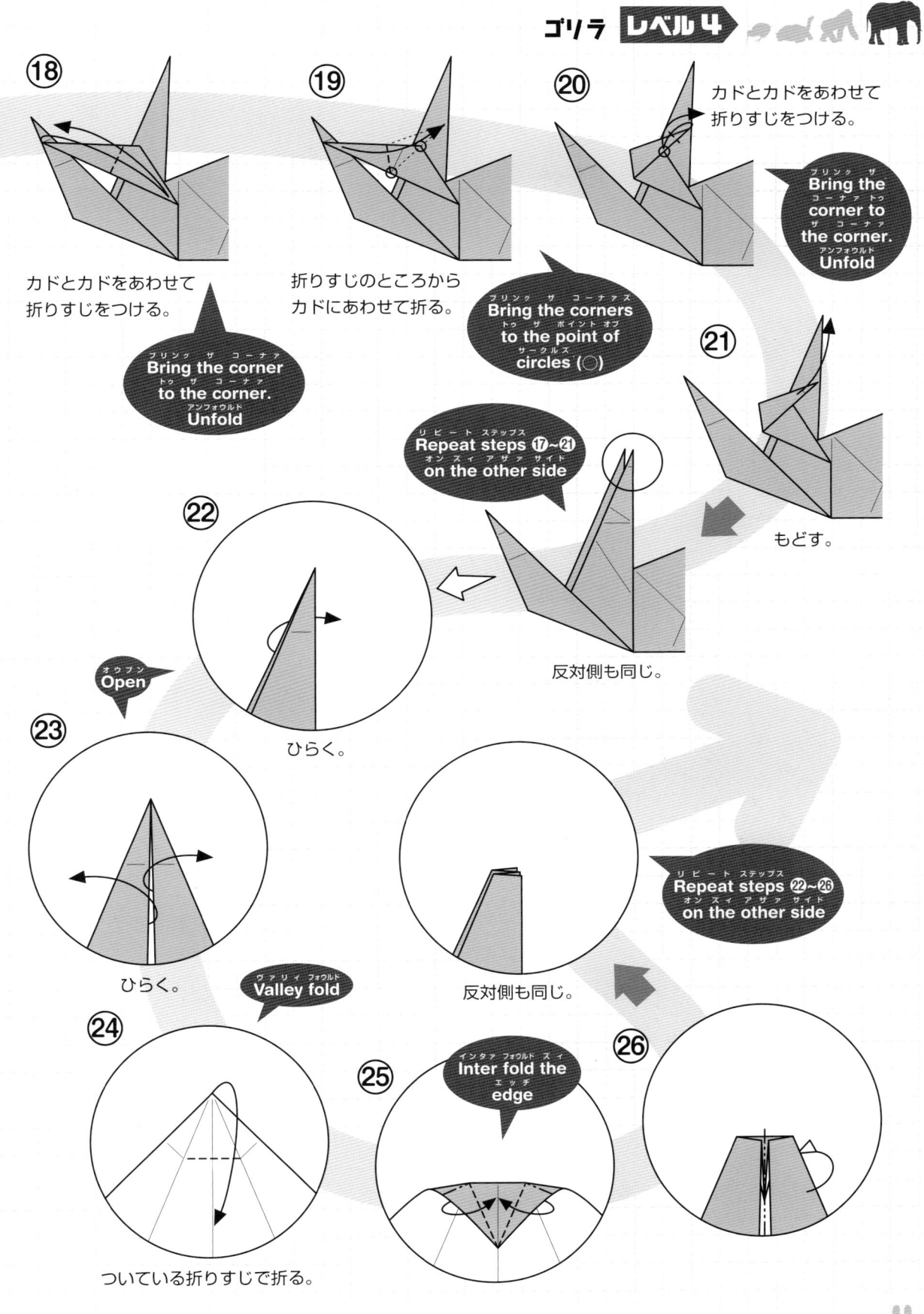

⑱ カドとカドをあわせて折りすじをつける。

Bring the corner to the corner. Unfold

⑲ 折りすじのところからカドにあわせて折る。

Bring the corners to the point of circles (○)

⑳ カドとカドをあわせて折りすじをつける。

Bring the corner to the corner. Unfold

㉑ もどす。

Repeat steps ⑰〜㉑ on the other side

反対側も同じ。

㉒ ひらく。

Open

㉓ ひらく。

Valley fold

㉔ ついている折りすじで折る。

㉕ **Inter fold the edge**

㉖

Repeat steps ㉒〜㉖ on the other side

反対側も同じ。

57

㉗

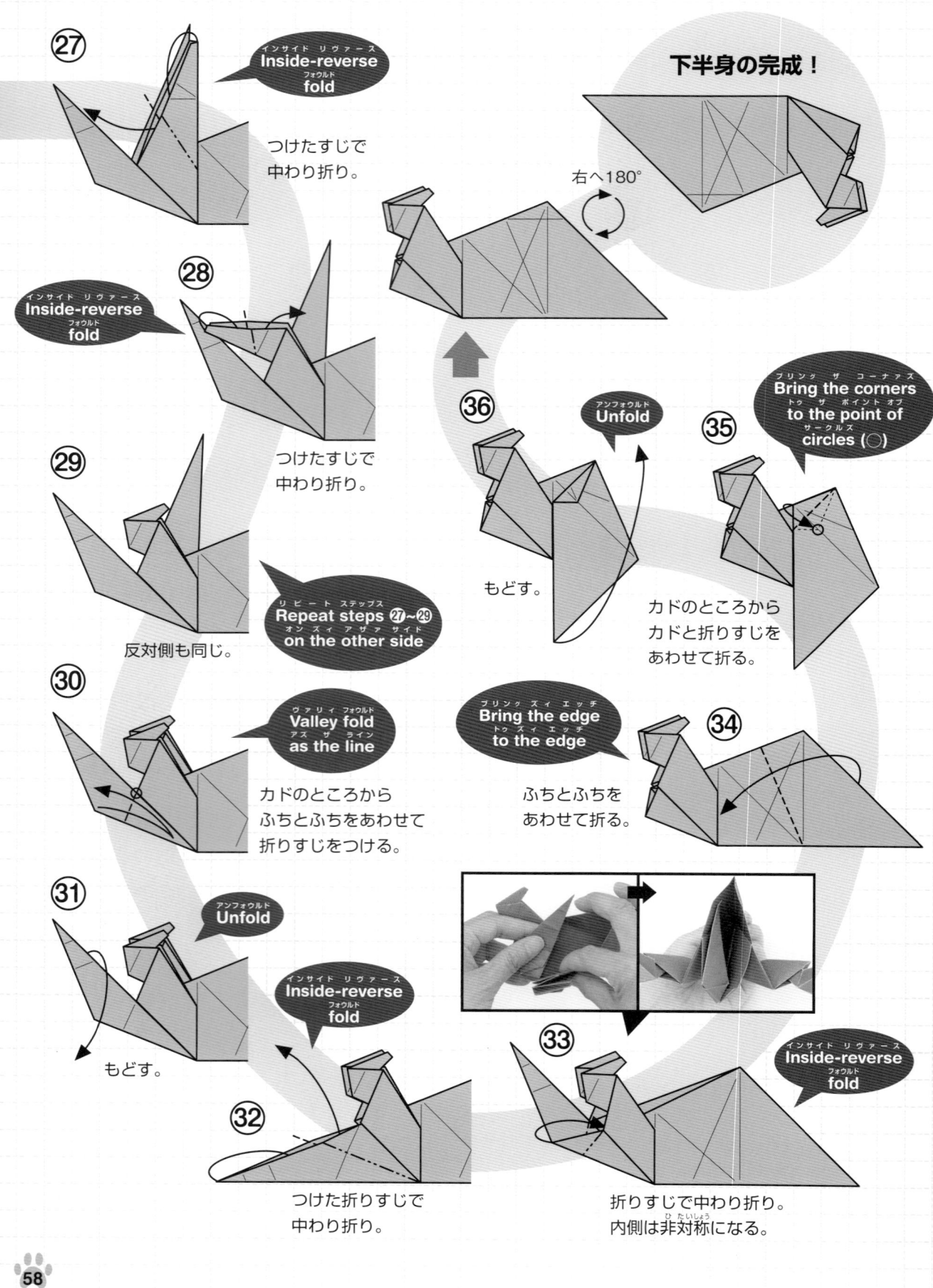

Inside-reverse fold

つけたすじで中わり折り。

下半身の完成！

右へ180°

㉘

Inside-reverse fold

つけたすじで中わり折り。

㊱

Unfold

㉟

Bring the corners to the point of circles (○)

カドのところからカドと折りすじをあわせて折る。

㉙

反対側も同じ。

Repeat steps ㉗〜㉙ on the other side

Bring the edge to the edge

㉞

ふちとふちをあわせて折る。

㉚

Valley fold as the line

カドのところからふちとふちをあわせて折りすじをつける。

㉛

Unfold

もどす。

Inside-reverse fold

㉜

つけた折りすじで中わり折り。

㉝

Inside-reverse fold

折りすじで中わり折り。内側は非対称になる。

58

ゴリラ **レベル4**

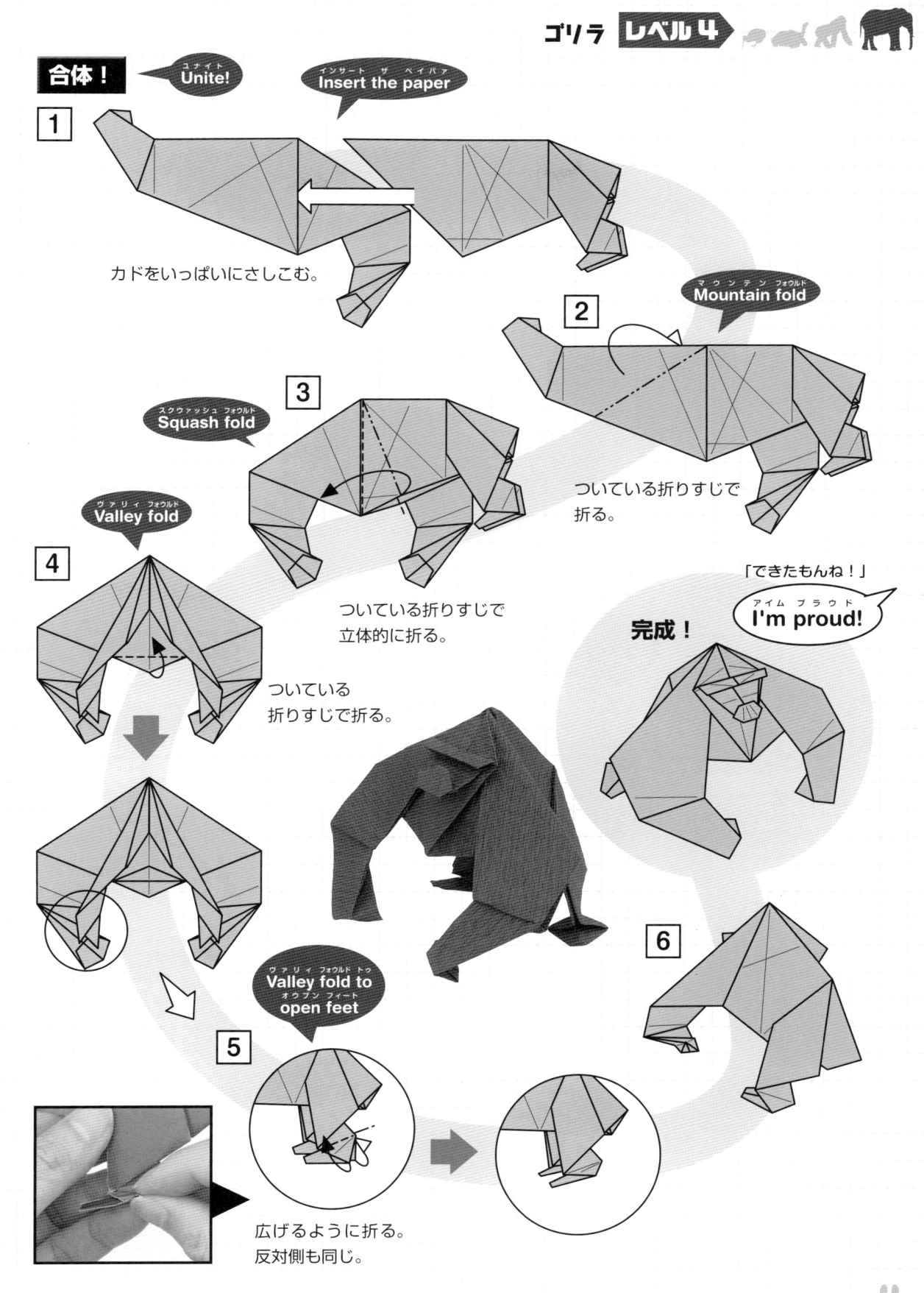

合体！ Unite! Insert the paper

1

カドをいっぱいにさしこむ。

2 Mountain fold

ついている折りすじで折る。

3 Squash fold

ついている折りすじで立体的に折る。

4 Valley fold

ついている折りすじで折る。

5 Valley fold to open feet

広げるように折る。反対側も同じ。

完成！ 「できたもんね！」 I'm proud!

6

59

折り紙コラム

手づくり折り紙でたのしもう！

市販の折り紙がなくても、紙さえあれば、折り紙を手づくりすることができます。手づくり折り紙で、いつでもどこでも、動物折り紙をたのしみましょう！

■手づくりのよさ

手づくり折り紙の魅力は、なんといっても、大きさ、柄、素材などが自分の好きなようにつくれるところです。

また、この本では同じ色の折り紙が複数まい必要な動物の折り方も紹介していますが、残念なことに、市販の折り紙セットには同じ色が1まいしかないことが多いようです。その点、手づくりなら、同じ柄の折り紙を必要なまい数だけつくることができます。

■ちょうどいい大きさ

市販の折り紙でいちばん手に入れやすいのは15cm四方の折り紙です。これなら、子どもの小さな手でも折り鶴が折りやすく、ちょうどいい大きさに仕上がります。

でもなかには、51～59ページで紹介したゴリラのように、15cm四方では細かい部分が折りづらいものもあります。複雑な折り方のものは、はじめに大きめの紙で折り、つぎに仕上がりサイズを確認しながらいろいろな大きさの紙でためしてみましょう。

折り紙のつくり方

■新聞紙、新聞の折りこみチラシなど、ふちがまっすぐで、直角なカドがある紙のとき

①ふちとふちをあわせ、三角形に折る。

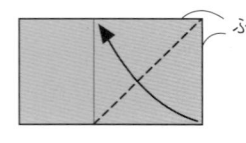

②三角形からはみ出した部分を切る。

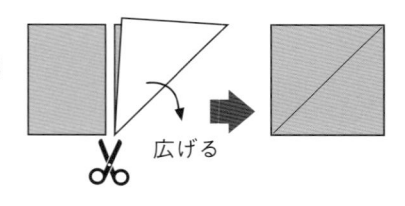

広げる

■ふちが直線でない紙のとき

①まず、どこかをまっすぐに切り、まっすぐなふちをつくる。

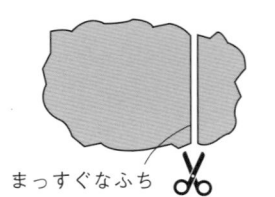

まっすぐなふち

②①のふちに直角にまじわる線で切る。

直角

③あとは新聞紙やチラシでつくるときと同じ。ふちとふちをあわせて折り、三角形からはみだした部分を切る。

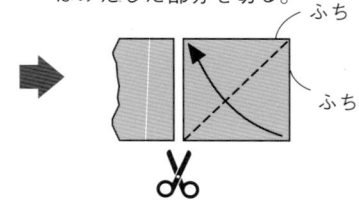

ふち
ふち

■いろいろな柄

身のまわりには、折り紙にぴったりの紙があふれています。使用ずみの封筒をひらいてつかうなどの工夫もできますよ。いろいろな紙をつかって、いろいろな動物をつくってください！

●新聞
新聞、とくに英字新聞は、文字自体が模様になり、ぐっとおしゃれな雰囲気になります。駅の売店などで手に入ります。

●新聞の折りこみチラシ
何気ないスーパーのチラシでも、おもしろい模様や柄のチラシがあります。

●つかいおわった包装紙
お菓子、ケーキ、プレゼントなどをつつんであった包装紙を活用！　色も柄もさまざまなので、いろいろな雰囲気を出せます。100円ショップなどのお店にある包装紙にも、おもしろい色や柄の紙があります。

●クラフト紙
茶色くてじょうぶな紙。封筒や、ワレモノなどをつつむのにつかわれます。力強い印象の動物になります。

●和紙
いろいろな種類がありますが、障子のはりかえ用の和紙などは安く手に入り、つかいやすいでしょう。

●ダイレクトメール
商品の宣伝などのために送られてくるダイレクトメールにはチラシと同様におもしろい模様や柄の紙があります。

●雑誌
印刷がきれいでカラフルな動物を折ることができます。雑誌にはうすい紙がつかわれているので、折りやすい一方で、仕上がりはしっかりしにくいことがあります。

●ブックカバー
本屋さんで本にかけてくれるブックカバー。読みおわって必要なくなったら、再利用してみましょう。落ちついた色や柄が多く、より動物らしくみえるかもしれません。

　つかう紙は、いろいろな質感やかたさのものをためしてみましょう。かたい紙は折るときに骨がおれますが、仕上がりがしっかりするので、見栄えがよくなりますよ。

折り紙コラム

英語で折り紙！

ここでは、この本で紹介した折り方説明の英語表現をまとめておきましょう。ぜひ、世界のいろいろな人といっしょに「動物折り紙」に挑戦してください！

■いろいろな表現

この本では、Valley fold（谷折り）、Make a crease（折りすじをつける）などのように、ごくかんたんな英語で折り方を説明してきました。でもじっさいに折り紙を折ってみると、もう少しくわしく説明したいと思うこともありますね。そんなときは、たとえば Fold（折る）という単語につぎのようにかんたんなことばを加えるだけで、いろいろな表現ができます。

- Fold the paper up.（上に折る）
- Fold the paper down.（下に折る）
- Fold the paper diagonaly.（対角線で折る）
- Fold the paper again.（もう一度折る）
- Fold the front layer up.（手前の紙を上に折る）

＊ the paper は it にかえることもできます。

＊ていねいにいいたいときは、さいごに please をつけます。

英語で折り紙の折り方を説明するときは、説明をするほうもされるほうもじっさいに折り紙を手にしているので、corner（カド）、up（上）、down（下）など、英語の単語をならべるだけでも、けっこう通じるものです。はずかしがらず、どんどん「英語で折り紙」に挑戦してみましょう！　たいせつなのは、折り紙をたのしむ心ですよ。

動物
Animal

Let's enjoy ORIGAMI!
（折り紙をたのしみましょう！）

英語表現一覧　〈　〉内はべつのいい方

日本語	英語
1まいだけ折る	Fold only 1 layer
内側を広げてつぶすように折る	Squash fold
うらがえす	Flip／Flip it over
おす	Push
(○○と) 同じものをつくる	Make ○○ in the same way
同じことをくりかえす	Repeat the same thing
折りこむ	Tuck inside
折りすじ	Crease
折りすじをしっかりつける	Make a crease firmly
折りすじをつける〈折って、もどす〉	Make a crease 〈Fold and unfold〉
折る〈三角形/四角形/長方形をつくる〉	Fold 〈Make a triangle/square/rectangle〉
カド	Corner
カドをしっかりそろえる	Meet the corners perfectly
カドを○にあわせる	Bring the corner to the ○
かぶせ折り	Outside-reverse fold
ここ	Here
(紙を) さしこむ	Insert (the paper)
平らにする	Flatten
谷折り	Valley fold
段折り	Pleat fold 〈Crimp fold〉
中心	Center
(○○を) つくろう！	Let's make ○○ with ORIGAMI！
中わり折り	Inside-reverse fold
反対側も同じ	Repeat behind
半分に折る	Fold in half
(カドを) 引き出す	Pull out (the corner)
(紙を) 引き出す	Pull out (the paper)
左側も同じ	Repeat the same on the left
開く	Open
ふち	Edge
右側も同じ	Repeat the same on the right
もどす	Unfold
山折り	Mountain fold
指をなかに入れる	Put your finger inside

※この本の英語の読み方（カタカナ表記）については、基本的に『絵から英語が覚えられる　ビッグ・アップル英和辞典』（学習研究社刊）にしたがっています。

●折り紙監修／高井 弘明（たかい ひろあき）

1957年、東京都生まれ。折り紙作家。子どものころ、笠原邦彦氏の著書『おりがみ どうぶつえん』に感銘を受け、折り紙創作を始める。恐竜や動物の折り紙を得意とする。著書は『おりがみ倶楽部　花のおりがみ』『おりがみ倶楽部　恐竜のおりがみ』（ともに誠文堂新光社）、『Let's enjoy ORIGAMI　恐竜折り紙をたのしもう！』『Let's enjoy ORIGAMI　昆虫折り紙をたのしもう！』（ともに今人舎）など。

●編集／こどもくらぶ

「こどもくらぶ」はあそび・教育・福祉分野で、子どもに関する書籍を企画・編集するエヌ・アンド・エス企画編集室の愛称。小学生の投稿雑誌「こどもくらぶ」の誌名に由来。毎年約100タイトルを編集・制作している。

●編集スタッフ／木矢恵梨子（こどもくらぶ）
●デザイン・DTP／矢野瑛子
●写真提供／@ Rico Leffanta, @ Tim Heusinger Von Waldegge | Dreamstime.com
○参考文献／IUCNホームページ、『新・ポケット版 学研の図鑑 絶滅危機動物』（学研教育出版）

※この本の情報は、2013年5月までに調べたものです。今後変更になる可能性がありますので、ご了承ください。

大人と子どものあそびの教科書

Let's enjoy ORIGAMI　動物折り紙をたのしもう！　NDC754.9

2013年7月19日　第1版

編／こどもくらぶ
発行者／稲葉茂勝
発売所／株式会社 今人舎
　　　186-0001　東京都国立市北1-7-23　TEL 042-575-8888　FAX 042-575-8886
　　　E-mail nands@imajinsha.co.jp　URL http://www.imajinsha.co.jp
印刷・製本／株式会社平河工業社

©2013 Hiroaki Takai, Kodomo Kurabu　ISBN978-4-905530-22-0　Printed in Japan
価格はカバーに表示してあります。落丁本、乱丁本はお取り替えいたします。